HUMAN BODY SCIENCE
OF
GOLF SWING

HUMAN BODY SCIENCE OF GOLF SWING

ⓒ 최송이, 설준희, 2023

초판 1쇄 발행 2023년 11월 17일

지은이   최송이, 설준희
펴낸이   이기봉
편집   좋은땅 편집팀
펴낸곳   도서출판 좋은땅
주소   서울특별시 마포구 양화로12길 26 지월드빌딩 (서교동 395-7)
전화   02)374-8616~7
팩스   02)374-8614
이메일   gworldbook@naver.com
홈페이지   www.g-world.co.kr

ISBN   979-11-388-2526-9 (03690)

HUMAN BODY SCIENCE

OF

GOLF SWING

최송이 CHOI, SONG-YI · 설준희 SUL, JUN-HEE 지음

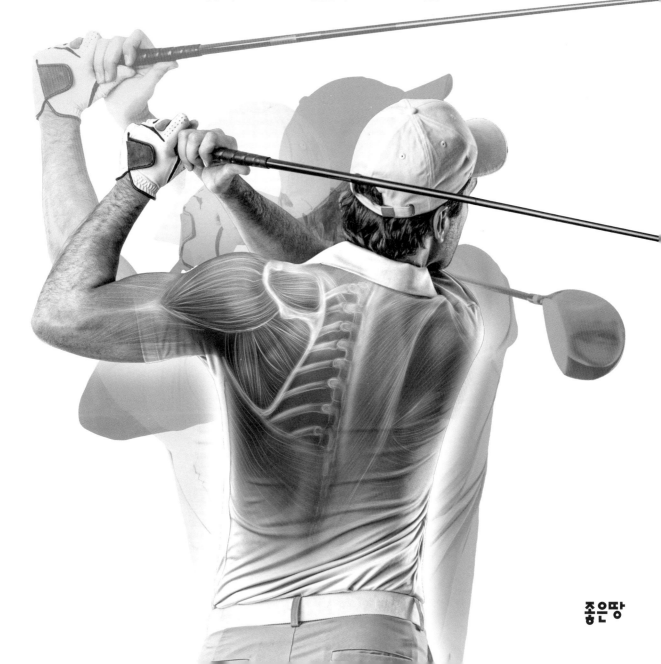

좋은땅

추천사

월드 클래스 골프선수 신지애 프로

과학의 발달과 인터넷 보급으로 그 어느 때보다 편리한 시대에서 살고 있지만, 필요 이상의 많은 정보를 쉽게 습득하는 시대이기도 합니다. 골프 레슨만 해도 그렇습니다. 예전에는 골프연습장에 가서 직접 레슨을 받아야 했습니다. 저 또한 주니어 때 레슨을 받기 위해 영광에서 광주까지 매일 한 시간씩 차를 타고 가곤 했습니다. 하지만 지금은 어떻습니까? 핸드폰이나 PC로 검색하면 수많은 레슨이 쏟아져 나옵니다. TV를 통해 언제든지 레슨 프로그램을 시청할 수 있습니다. 그러나 여기서 우리가 간과하면 안 되는 것이 있습니다. 정보의 홍수 속에서 오히려 올바른 정보, 정확한 정보, 실제적 정보를 분별해 내는 것이 무척 중요하다는 사실입니다.

한편, 분별의 문제를 떠나 또 다른 문제가 있습니다. 다양한 매체를 통해서 접하는 대다수 골프 스윙이 스윙의 기술적 문제만을 다루는 경우가 많다는 점입니다. 골프 스윙이란 스윙하는 사람의 신체 메커니즘(Mechanism)의 조화 속에서 이루어지는데, 단편적인 기술적 방법으로 스윙의 문제점을 해결하려는 것은 일시적인 처방밖에 되지 않습니다. 아마추어의 경우, 프로와는 달리 스윙에 필요한 근육이 만들어지지 않았기 때문입니다. 골프 스윙은 만들어지는 것이라 생각합니다. 어떤 분들은 근육이 스윙을 기억한다고 하는데, 근육은 그냥 근육일 뿐입니다. 생각하거나 기억할 수 있는 부분은 아니라고 생각합니다. 다만, 어떻게 스윙할지 뇌에서 명령할 때, 그 명령을 원활하게 수행할 수 있는 근육이 만들어졌다면, 원활한 스윙이 가능할 것입니다.

제가 『Human Body Science of Golf Swing』을 읽고 느낀 바는 이러한 문제점을 정확하게 알고 해결책을 제시했다는 점입니다. 지금까지 어떤 교습서에서도 볼 수 없었던, 단순히 기술적인 스윙 교습서가 아니라, 어드레스할 때는 어떤 근육이 사용되고, 백스윙 때는 어떤 근육이 어떻게 움직이는지 알려 줍니다. 다운스윙 때는 신체의 회전과 클럽의 회전, 그리고 근육의 움직임 등 기술적인 스윙과 더불어 이를 원활하게 만드는 원리를 알려 주고 있습니다.

스윙의 모든 현상은 원리에서 파생되는 현상입니다. 원리에서 벗어난 스윙은 지속력도 없을뿐더러 효율성도 떨어지며 부상의 원인이 되기도 합니다. 반대로 원리에 입각한 스윙은 지속성뿐만 아닌 효율성, 그리고 발전성에도 큰 성과를 이룰 수 있습니다.

골프는 '리듬과 템포다'라고도 합니다. 이 말에는 스윙하는 사람의 신체 메커니즘이 균형을 이뤄야 한다는 의미가 담겨 있다고 생각합니다. 신체의 구조 및 각 스윙 단계에 사용되는 근육과 신체 메커니즘을 알고 있다면, 쏟아지는 다양한 정보 속에서 나에게 맞는 효율적인 기술을 분별할 수 있게 될 것입니다. 이러한 점에서 『Human Body Science of Golf Swing』은 실전과 이론이 잘 접목되어 있다고 생각합니다.

이 책을 접한 모든 분에게 놀라운 성과가 일어나기를 기원합니다.
연구를 통해 귀한 자료를 출판해 주신 두 분께 깊은 감사를 드립니다.

고맙습니다.

신지애 드림

　최근 골프 스윙에 대한 과학적 근거를 마련하려는 시도가 끊임없이 이어지고 있다. 물리학(Physics)이나 운동역학(Biomechanics) 분야에서 스윙을 연구할 뿐만 아니라 다양한 방향에서 과학적 접근과 해석이 활발히 이뤄지고 있다. 하지만 아직 이러한 접근과 해석이 체계적으로 정리되지 않아 여전히 골프를 배우는 사람들에게 혼동을 주고 잘못된 정보가 재생산되기도 한다.

　골프 스윙은 신체의 복합적인 움직임으로 이뤄지기 때문에 물리학이나 운동역학적 분석과 해석은 신체를 효과적으로 움직이게 하는 기반이 된다. 그러나 우리 신체 근육의 특성을 이해하지 못한다면 운동역학 정보는 실제 적용되지 못하고 상식 수준에서 그칠 수 있다. 따라서 근육 및 신체 움직임 시스템에 대한 이해도 함께 다루는 것이 효율적인 스윙 동작을 발현하는 데 중요한 단서가 된다. 또한, 골프 스윙 동작을 발전시키고 유지하는 데 필요한 관점으로서 실질적인 도움이 될 것이다.

　학습자의 이해를 돕기 위해 동영상 등을 이용한 스윙 분석과 정보 제공이 활발하게 활용되고 있으며, 이는 골퍼들의 실력을 향상하는 데 큰 역할을 하고 있다. 하지만 동영상 정보는 학습자에게 필요한 정보를 정확하게 제공하지 못하고, 보는 사람에 따라 다르게 받아들일 수 있는 여지가 크다. 잘못된 해석으로 신체에서 일어나는 실질적인 작용보다 모양이나 현상에 집중하게 만드는 왜곡이 생기기도 한다. 필요한 정보를 분별하기 위해서는 스윙 동작에 대한 물리학이나 운동역학적 접근과 해석이 필요하지만, 실제 동작을 하기 위해서는 근육이 어떻게 작용하고, 어떠한 효과를 주는지 그리고 스윙 동작에는 어떻게 기여하는지 이해하는 것이 중요하다.

　근육은 뇌의 지시를 받아 움직일 뿐, 동작을 기억하는 능력은 갖추고 있지 않지만, 필요한 움직임에 맞는 신경 감각이나 근육 발달이 필요하다. 이에 신체의 움직임 특성을 고려해야 한다는 중요성이 대두되면서 근전도를 활용한 근육 연구가 이루어지고 있다. 다만, 아직은 골프 스윙에서 작용하는 근육들을 소개하는 정도에서 머물러 있어 물 흐르는 듯한 동작을 하기 위해서는 근육의 기능학적 측면인 신체의 연결 연쇄 작용에 대한 접근이 필요하다.

따라서 본 책에서는 효율적인 스윙학습을 위해 물리학과 운동역학 정보를 근간에 두고, 근육과 신체 움직임 시스템에 대한 이해를 함께 다루려 한다. 구체적으로 알아볼 사항은 다음과 같다.

1. 스윙의 효율적인 움직임을 위해서 우리 몸은 어떻게 움직여야 하는지
2. 끝까지 막힘없는 스윙을 하기 위해서 어떻게 움직임을 시작해야 하는지
3. 스윙할 때 힘을 빼고 큰 근육을 이용하기 위해 어떤 신체 부위를 움직여야 하는지
4. 골프를 잘하기 위해 어느 부위를 발달시켜야 하는지

어린 시절부터 골프를 배운 이들은 성장하며 겪는 혼란을 최소화할 수 있고, 성인이 되어 골프를 시작한 아마추어 골퍼들에게는 수많은 교습 방법 중 자신에게 맞는 방법을 찾는 효과적인 도구가 될 수 있을 거로 확신한다.

저자 최송이, 설준희 씀

목차

제3장 신체 움직임 시스템과 골프 스윙

골프 스윙을 이해하는 중요한 요소

효율적인 스윙 동작에 대한 정보는 무수히 많다. 하지만 어떻게 나의 스윙에 적용할 수 있을지, 어떻게 수행하는 것이 옳은지에 대한 궁금증은 여전하다.

우리 신체의 모든 움직임은 뇌의 작용으로 움직이며 학습 또한 뇌에서 이뤄진다. 그래서 어떻게 배우고, 익히는 것이 효과적인지 그 과정을 아는 것이 중요하다. 올바르고 효율적인 스윙 동작을 하기 위해서는 스윙을 이루는 중요한 요소들이 무엇인지 이해해야 한다.

스윙에서 회전은 빼놓을 수 없는 핵심 요소로서 어떻게 몸을 회전하는지에 따라 클럽 헤드 스피드와 임팩트 정확도가 연관되어 있어 공의 거리와 방향성에 직접적인 영향을 미친다. 따라서 몸은 어떻게 회전해야 하는지, 왜 그렇게 회전해야 하는지 그리고 클럽의 움직임은 신체 회전과 어떻게 조화를 이룰 수 있는지 그 과정을 순차적으로 살펴보고자 한다.

스윙은 뇌의 작용과 신체의 복합적인 움직임으로 이뤄지지만, 결국 신체를 움직이는 것은 관절과 근육이다. 이에 근육 트레이닝도 중요한 요소로 꾸준히 다뤄진다. 하지만 근육은 하나의 단위가 아닌 연결되고, 결합되어 움직인다. 따라서 스윙 동작을 이해하기 위해서는 부분적인 근육 쓰임의 이해보다 유기적으로 연결되어 작용하는 통합적 시스템의 작용을 이해하는 것이 큰 도움이 될 것이다.

뇌의 역할

뇌는 신체적 또는 정신적으로 겪는 모든 경험을 축적하고 발전시키는 데 매우 중요한 역할을 한다.

뇌는 약 1000억 개의 신경세포(뉴런)로 구성되어 있으며 정보를 전달하는 메신저다. 전기충격과 화학신호를 사용하여 뇌의 다른 영역 또는 신체의 모든 신경계로 정보를 전송한다.

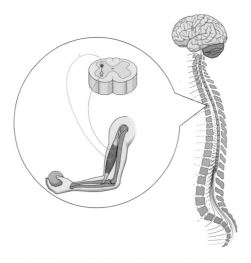

그림 1 뇌와 근육은 신경을 통해 연결되어 움직임

뇌는 여러 경험을 바탕으로 정보를 해석하고, 뇌 신경 간의 회로가 연결되며 활성화된다. 반복하는 과정을 겪으면서 뇌 신경 회로는 컴퓨터 네트워크처럼 연결되고 저장된다.

뇌와 학습 관계

학습의 효과는 뇌 신경계의 신경세포 구조와 기능, 연결 능력들이 재구성되고, 증가하게 되면서 이뤄지는데 이를 뇌의 가소성이라 한다. 뇌의 가소성이 클수록 학습효과가 크며, 계속해서 사용하면 뇌 신경 회로가 더욱 빠르게 연결되고 활성화된다. 하지만 사용하지 않으면 점차 약화한다.

골프 스윙에서 새로운 동작을 반복 연습하게 되면 뇌의 가소성이 증가해 동작이 익숙해지고 기존의 다른 동작과도 연계할 수 있게 된다. 다만, 뇌의 가소성 변화는 즉각적으로 생기지 않기 때문에 반복적인 연습이 반드시 필요하다.

뇌의 학습 과정

골프 스윙을 반복 연습하면, 신경세포는 두터워지고 근육으로 전달되는 전기신호는 더욱 빨라져 동작이 매끄럽고 자연스러워진다. 그러나 안타깝게도 뇌는 올바른 동작과 나쁜 동작을 구분하는 능력은 없다. 따라서 잘못된 동작을 반복했다면, 나쁜 동작이 매끄럽고 자연스럽게 나타나게 되며, 결국 올바른 동작으로 교정할 때 이전 동작으로 인해 혼란이 야기된다.

뇌는 한 번에 하나씩 새로운 패턴을 학습하기 때문에 이를 반복해야 새로운 신경 경로가 강화된다. 한 가지 동작을 반복해서 연습할 때 일정 기간(세션)이 필요한데, 만약 반복 연습을 꾸준하게 시행하지 않거나 중간에 다른 정보가 더 유입되면 동작의 연계는 결국 이뤄지지 못하고, 오히려 퇴보하거나 매우 헷갈리게 된다. 원 포인트 레슨 효과가 지속되지 못하는 이유이기도 하다. 하나의 동작을 학습하거나 교정하기 위해서는 일정 기간 동일한 내용을 반복하는 것이 중요하다.

운동능력의 발달

성인 아마추어 골퍼가 처음 스윙 동작을 배울 때 쉽지 않은 이유는 신경회로의 연결과정이 어렵기 때문이다. 하지만 처음부터 동작을 잘 습득하는 사람도 있다. 이는 아이스하키, 야구, 테니스 등 과거에 비슷한 움직임을 전달하는 신경회로가 발달해 있어 연합하는 과정이 상대적으로 어렵지 않기 때문이다.

성장기에는 뇌의 영역 중 앞부분(Frontal Lobe)에 보조적 운동영역인 SMA(Supplementary Motor Activity)가 발달해 눈으로 보는 것만으로도 운동 동작을 쉽게 따라 하고 익힐 수 있다. 하지만 성장이 멈추고 뇌의 발달도 멈추면 SMA는 사고하는 영역으로 바뀌게 된다.

따라서 골프를 배우는 연령과 시기에 따라 능력에는 차이가 발생한다.

어려서 운동을 배우면,

1) 보조적 운동영역이 발달되어 있어 스윙을 눈으로 보고 따라 하는 것만으로도 쉽게 익힐 수 있다.

2) 운동 동작에 필요한 뇌의 가소성이 발달하면서 기술도 빠르게 향상한다.

개인 차이는 있겠지만, 어렸을 때 스윙을 배우면 성인이 되어서도 물 흐르듯 자연스러운 스윙을 할 수 있다. 하지만 성인이 되어서 골프를 시작하면 눈으로 보고 동작을 따라 하는 것은 쉬운 일이 아니며, 학습 효과도 빠르게 나타나지 않아 어려움을 겪게 된다. 따라서 이에 맞는 학습 방법과 과정이 매우 중요하다.

보조적인 운동영역(Supplementary Motor Activity)

	운동을 성장기에 배우는 경우	운동을 성인기에 배우는 경우
운동학습 과정	보고 따라 하는 것만으로도 쉽게 기술을 습득할 수 있으며, 동시에 여러 운동기술 습득도 가능함	이해하고, 반복하는 등 여러 생각을 없애야 기술이 습득됨 어린 시절 배운 운동기술 형태와는 크게 차이가 남
스윙할 때 뇌의 활성 상태	운동영역(Motor region)만 활성화되고, 감정이나 생각 등 수행 집중력을 방해하는 영역의 활성화가 감소되어 있음	생각, 감정을 담당하는 영역 등 여러 영역이 동시에 활성화됨 수행 집중력을 방해함
동작(스윙)을 교정할 때 겪는 현상	어린 시절 익힌 방법과 충돌하여 스윙 교정이 쉽지 않음 혼란으로 인해 슬럼프 등을 겪을 수 있음	많은 정보를 모두 수용하여 기술의 편차가 큼
선수에서 교습가로의 전환 과정	자신이 겪었던 경험이나 느낌을 교습의 원천으로 삼을 확률이 높음	이론을 근거 삼아 가르칠 수 있지만, 다양한 경험 부족으로 기계적인 교습이 이뤄질 수 있음

※ 어릴 때 골프를 배우는 경우 스윙 훈련 방법에 따라 발달하는 근육 부위와 기능의 정도가 달라지기 때문에 정확한 근신경계 기능 (Neuromuscular)과 운동역학 요소에 근거한 학습 과정이 필요하다.

운동영역만
활성화됨

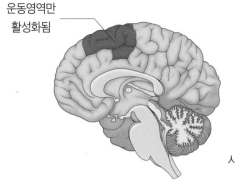

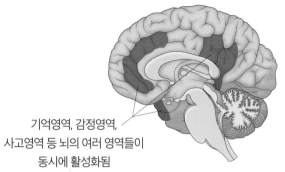

기억영역, 감정영역,
사고영역 등 뇌의 여러 영역들이
동시에 활성화됨

그림 2 스윙 수행 시 프로 골퍼 vs 아마추어 골퍼의 뇌 영역 활성 상태

그림 2는 한 보고서에서 fMRI를 통해 골프 스윙 때 뇌의 영역의 활성 상태를 확인한 것으로 프로 골퍼의 뇌 영역과 아마추어 골퍼의 뇌 영역 활성 상태가 다르다.

근육의 기능

골프 경기를 할 때 필요한 모든 정보를 뇌는 수집하고 분석, 처리하여 움직임에 대한 메시지를 보내게 되는데 이때 메시지는 신경을 통해 근육으로 전달한다.

반복 훈련을 하면 뇌에서 근육으로 전달하는 메시지 속도가 빨라지면서 어느 순간 근육은 마치 기억 기능이 있는 것처럼 자연스럽게 동작을 수행하게 된다. 하지만 근육에는 동작을 기억하는 기능은 없다. 근육은 운동에 필요한 에너지를 생성하는 기능과 근력 운동으로 근육이 강화되면서 즉각적으로 뇌의 신호에 따라 정확하게 반응하여 움직인다.

뇌 신호에 즉각적으로 반응하기 위해서는 올바른 신체 자세와 근육 강화가 필요하지만, 앞서 움직임에 대한 이해가 중요하다.

신체의 움직임을 이해하고 스윙의 원리를 이해한다면 스윙 동작을 익히는 데 도움이 될 것이다.

※ 근육이 기억한다는 의미

한 움직임을 계속 반복하면 우리의 뇌는 이 동작을 위한 장기간의 기억을 생성하게 되어 나중에는 의식적인 노력 없이 동작을 능숙하게 할 수 있다. 이는 동작 하나하나에 주의를 기울여야 하는 필요성이 감소하고, 신체의 움직임(운동) 관련 기관과 기억 시스템의 효율성이 최대로 발생했다는 것을 의미한다. 편안하지만 정교하고, 물 흐르듯 자연스러운 움직임이 나타나고 이를 일반적으로 몸이 기억한다고 표현한다. 즉, 자연스러운 동작이 나타나기 위해서는 반복 동작이 중요하다.

그림 3 근육의 수행

신체의 움직임 시스템

신체의 움직임은 뇌에서 각 신체 기관으로 명령이 전달되어 움직이지만, 실제 움직임은 다관절과 다근육 등의 복합 시스템으로 발생한다.

단순히 물건을 집는 동작을 보아도 손 근육부터 어깨, 몸통, 허리, 엉덩이, 다리 등 전신 근육이 연결되어 연쇄적으로 작용한다. 걷거나 뛰는 동작도 전신이 연결되어 복합적으로 움직인다.

스윙 동작도 전신의 움직임이 동시다발적으로 이뤄지기 때문에 신체의 연쇄 작용에 대한 이해 없이 손이나 어깨, 허리나 머리 등의 신체 일부분으로 전신의 움직임을 조절하는 것은 쉽지 않다. 이에 복합적으로 작용하는 신체의 움직임 시스템이 어떻게 작용하는지 이해해 보고자 한다.

근골격계 시스템

1) 근육 체계(Muscular system)

근육 체계는 골격근(가로무늬근), 평활근(민무늬근) 그리고 심(장)근으로 나누어져 있으며 수축으로 움직이게 된다.

골격근은 뼈를 중심으로 힘줄에 의해 부착되어 있어 실제 신체를 움직이게 하며, 수축의 정도를 스스로 조절할 수 있어 수의근(Voluntary muscle)으로 분류된다. 골격근은 뼈에 붙어 있는 위치와 관절의 위치 그리고 근섬유의 방향에 따라 수축하고, 수축 정도에 따라 다양한 강도의 힘을 낼 수 있다(그림 4). 또한 근막으로 둘러싸여 있고, 전신으로 퍼져 있어 모두 연결되어 움직인다.

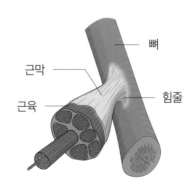

그림 4 근골격 구조

2) 골격근(Muscular skeletal)의 작용

남성은 근육의 약 42%가 여성은 근육의 약 36%가 골격근으로 이루어져 있다. 골격근에서 주된 역할을 하는 근육은 주동근(Agonist)이며, 반대 방향으로 운동하는 근육은 길항근(Antagonist), 같은 방향으로 작용하고 운동을 돕는 근육은 협력근(Synergist)이다.

3) 골격근의 연결 연쇄 작용(Muscular Chain Reaction)

우리 신체는 관절과 근육으로 연결되어 있고, 근육은 근막으로 쌓여 있어 하나의 덩어리로 연결되어 움직이기 때문에 전신은 유기적으로 연결되며 움직인다. 이러한 시스템 작용을 신체의 연결 연쇄 작용(Chain Reaction)이라 한다.

신체의 연결 연쇄 작용은 효율적인 움직임 등을 해석하기 위한 것으로, 신체 한 부위나 근육을 구분 짓는 것이 아닌 유기적으로 어떻게 연결되어 통합적 시스템을 갖추는지를 의미한다.

※ 에너지 공급 시스템

운동할 때 쓰이는 에너지는 대부분 골격근에서 만들어지는데, 순간적으로 빠르고 강한 힘을 내게 하는 무산소성 에너지 공급 시스템과 계속해서 에너지를 공급하는 유산소성 에너지 공급 시스템이 있다. 하지만 모든 에너지 공급 시스템에는 산소가 필요하므로 이와 연관 있는 신체 기능을 강화해야 한다. 특히 골프 경기는 샷마다 상당한 거리를 빠른 속도로 걸어가 빠르고 강한 힘을 활용해 스윙을 하기 때문에 근력 강화와 유산소 운동이 모두 필요하다.

※ 스윙에서 사용되는 에너지

근육의 1파운드(460g)당 생성할 수 있는 에너지의 양이 있다. 골프 스윙에서 헤드 스피드가 약 100마일(160㎞/h)이 된다고 했을 때 필요한 에너지의 양이 계산될 수 있으며 근수축 형태인 주동근과 길항근 그리고 협력근 작용을 모두 고려한다면, 에너지를 생성하기 위해서는 약 32파운드(14㎏)의 근육이 필요하다.

따라서 75㎏의 성인 남성이 100마일의 헤드 스피드를 내려면 약 10~20㎏ 정도의 근육이 사용되는데 이에 해당하는 근육들은 대흉근과 복부 그리고 허벅지, 엉덩근 등의 큰 근육이다. 스윙 시 큰 근육을 사용하라는 이유가 여기에 있다. 만약 팔 위주의 스윙을 하게 된다면 자연스럽게 에너지 사용률은 떨어지게 되어 헤드 스피드와 비거리 감소로 이어지게 된다. 물론 근육의 탄력성(Elastic)이나 유연성 (Flexibility), 균형성(Stability) 등은 제외한 논리이다.

근육은 긴장 상태에 놓일수록 경직되거나 불필요 부위가 작용하게 된다. 만약 골프 경기를 앞두고 긴장 하거나 추운 날씨 등의 상황에 놓이게 되면 골프 스윙에 쓰여야 할 근육은 오히려 감소하게 되어 스윙 전체에 영향을 미칠 수 있다. 따라서 골퍼들은 근육량 증가와 탄력성, 유연성, 유산소 능력을 겸비한 웨 이트 트레이닝과 긴장 완화를 위한 방법, 예비 운동(Warm up) 등을 꼭 수행해야 한다.

통합적 시스템 관점에서 신체의 움직임을 어떻게 하면 더욱 효율적으로 움직이게 할 것인가에 대한 관심이 높아지면서 다양한 스포츠 동작을 신체의 연결 연쇄 시스템 중 하나인 사선 시스템 (Oblique Sling System)으로 신체 움직임을 해석하며, 이에 대한 이해를 높여 가고 있다.

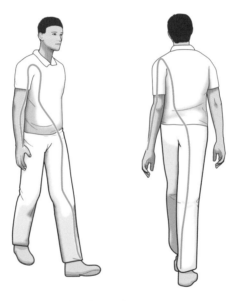

그림 5 신체의 연결 연쇄 작용

사선 시스템(Oblique Sling System)

사선 시스템은 신체의 움직임 방향에 따라 힘이 작용하는 통합적 시스템을 말한다(자세한 내용 은 '신체의 연결 연쇄 작용과 골프 스윙' 참고). 사선 시스템에도 다양한 방향이 있는데 그중 골프 스윙과 같이 회전에 핵심인 복부를 중심으로 이뤄지는 사선 시스템이 있다.

복부를 중심으로 하는 사선 시스템은 앞측 사선 시스템(Anterior oblique system), 뒤측 사선 시스템(Posterior oblique system), 깊은 세로측 시스템(Deep longitudinal system), 외측 시스템(Lateral system)이 있으며(그림 6), 추가적으로 팔의 연결 연쇄 작용(Deep Arm Line)이 있다.

사선 시스템은 설명을 위해 방향을 나눴지만, 앞측 사선 시스템이 수축할 때 뒤측 사선 시스템은 이완되는 등 동시에 작용한다.

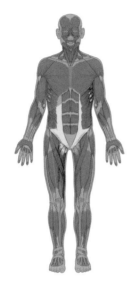

앞측 사선 시스템

- 외복사근
  (External oblique)
- 내복사근(반대쪽)
  (Internal oblique)
- 내전근(반대쪽)
  (Adductor)

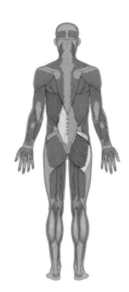

뒤측 사선 시스템

- 광배근
  (Latissimus dorsi)
- 흉요근막
  (Thoracolumbar fascia)
- 대둔근(반대쪽)
  (Gluteus maximus)

외측 시스템

- 중, 소둔근
  (Gluteus medius & minimus)
- 내전근(Adductor)
- 요방형근(반대쪽)
  (Quadratus lumborum)

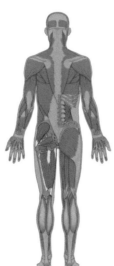

깊은 세로측 시스템

- 척추기립근(Erector spinae)
- 다열근(Multifidus)
- 천골결절인대
  (Sacrotuberous ligament)
- 대퇴 이두근
  (Biceps femoris)
- 긴종아리근
  (Peroneus longus)
- 전경골근
  (Anterior tibialis)

그림 6 사선 시스템(Oblique Sling System) 4가지

사선 시스템 4가지

	기능	스윙에서 주요 작용 구간
앞측 사선 시스템 (Anterior Oblique System)	모든 종류의 회전 담당	테이크어웨이, 다운스윙
뒤측 사선 시스템 (Posterior Oblique System)	회전 시 안정성 담당	미드백스윙, 탑스윙, 팔로스루
외측 시스템 (Lateral System)	발을 딛는 과정에서 골반의 수평을 유지하고 골반과 몸통의 안정화	스윙 전 구간
깊은 세로측 시스템 (Deep Longitudinal System)	지면에 발을 딛는 모든 과정에서 작용하며 요추와 하부의 안정성 제공	스윙 전 구간

골프 스윙에서 사선 시스템 작용 효과는 다음과 같다.

1) 스윙 동안 척추각 유지에 도움

2) 올바른 몸통 회전에 도움

3) 스윙 동안 어깨와 힙 균형에 도움

4) 다운스윙 동안 상하 회전 분리에 도움

5) 백스윙과 다운스윙 동안 체중이동에 도움

6) 스윙 움직임 순서에 도움

7) 파워(회전력) 향상에 도움

상체의 연결 연쇄 작용(Deep arm line)

신체의 연결 연쇄 작용은 상체와 팔에서도 나타난다. 손바닥이 하늘을 보게 한 상태에서 주먹을 강하게 쥐면 팔뚝 근육을 지나 이두근과 삼두근에 힘이 들어가는 동시에 대흉근, 광배근, 복부 방향까지 힘을 주는 것이 가능하다. 반면 손등을 하늘을 보게 한 상태에서 같은 힘을 주면 어깨(승모근) 방향으로 힘을 주는 것이 편안하다. 이러한 관계가 팔 근육들의 연결 연쇄 움직임이며 골프 스윙에서 그립이나 손, 팔의 자세가 중요하게 언급되는 이유도 신체의 연결 연쇄 작용이 스윙의 효율과 관계가 있기 때문이다.

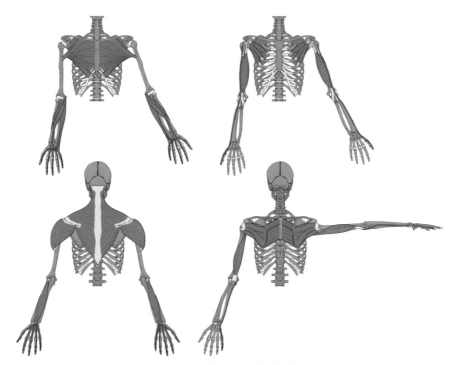

그림 7 상체의 연결 연쇄 작용

회전

회전이란?

회전운동이란, 회전축을 중심으로 물체의 모든 부분이 일정한 각도로 움직이는 것이라 정의된다. 하지만 신체의 회전은 고정된 회전축과 하나의 신체 분절로 이뤄진 단순한 시스템이 아니다. 여러 개의 분절이 관절과 관절로 연결된 다 분절 시스템으로, 다수의 근육들이 동원되는 복잡한 형태의 시스템이다. 따라서 스윙에서 효율적인 신체 회전을 이루기 위해서는 신체의 회전 메커니즘을 이해하는 것이 중요하다.

그림 8 회전운동   그림 9 스윙에서 회전운동 구간

스윙에서 회전은?

회전의 목표는 얼마나 골프채를 빠르게 회전시킬 수 있는지이다.

따라서 스윙에서 회전은 단순한 움직임의 범위를 의미하는 것이 아닌 하체와 몸통, 어깨와 손목의 조화로운 움직임을 활용해 어떻게 에너지를 효율적으로 생성시키고, 손실 없이 전달할 수 있는가이다.

빠르고 강한 회전을 만들기 위해서는 강한 근력이 중요하지만, 사람마다 발휘할 수 있는 근력의 차이는 분명히 존재한다. 이에 주어진 근력 내에서 얼마나 효율적으로 신체를 움직여 골프채를 휘두를 수 있는지 알아가는 것이 스윙을 익히는 데 효과적이다.

스윙에서 회전의 목적

1) 회전력

모멘트(Moment), 토크(Torque)는 물체를 회전시키는 원인이 되는 힘 또는 비틀림 힘, 돌림힘이라고 정의된다. 즉, 모멘트와 토크는 물체를 회전시키는 회전력을 의미하는데 모멘트는 회전중심과 물체와의 거리가 포함되며, 토크는 회전중심을 직접적으로 회전시키는 작용을 의미한다.

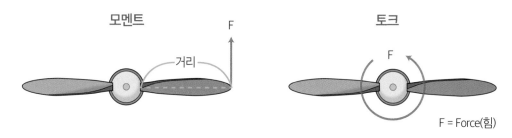

그림 10 모멘트와 토크의 개념 이해

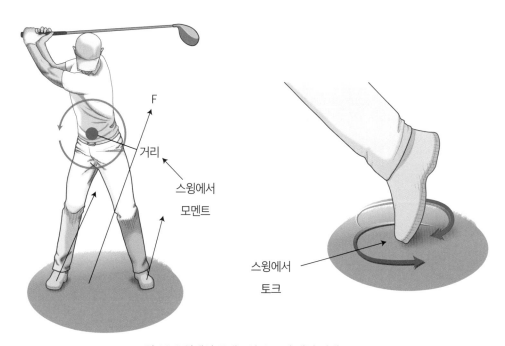

그림 11 스윙에서 모멘트와 토크의 개념 이해

인체에서 회전을 만드는 근육과 관절 시스템은 지렛대 형태에 빗대어 설명되지만, 인체에서의 회전은 힘보다 이동 거리에 대한 측면이 더욱 중요하다. 따라서 이에 대한 이해를 바탕으로 효율적인 모멘트와 토크를 활용할 수 있는 신체 움직임에 초점을 둔다면 스윙의 효율을 높이는 데 도움이 된다.

2) 각운동량(Angular momentum)

각운동량이란, 회전하는 물체가 갖는 운동량을 의미하며 물리학 공식에 근거하면 회전하는 물체의 각속도와 관성모멘트의 곱이라 할 수 있다. 스윙에서 최대의 각운동량을 이룬 시점에 임팩트가 이뤄져야 에너지 효율에 도움이 된다. 이에 각운동량을 높이기 위한 신체의 움직임이 매우 중요하다.

각운동량은 관성모멘트와 각속도를 크게 하면 커진다. 관성모멘트는 회전축을 중심으로 한 물체의 질량(Mass) 분포에 영향을 받는데, 예를 들어 야구 배트를 휘두를 때 정상적인 손잡이 부분을 잡고 휘두를 때와 거꾸로 들고 휘두를 때의 차이를 상상해 보면 쉽게 이해할 수 있다(자세한 내용은 '관성모멘트와 각속도' 참고). 따라서 회전축으로부터 질량이 멀리 위치할수록 관성모멘트는 커진다. 각속도는 우리 신체가 만들어 내는 모멘트(Moment)가 커지면 증가한다. 이때 관성모멘트가 크다면 각속도를 높이기 위해 더 큰 모멘트가 필요하다. 하지만 우리 신체에서 발휘할 수 있는 모멘트는 한계가 있어 적절한 관성모멘트 크기를 갖춰야 각운동량을 높이는 데 효과적이다.

3) 충격량

충격량은 힘과 가해진 시간을 곱한 것으로 물체는 충격량에 의해 운동량이 발생한다. 스윙에 대입해 보면, 클럽 헤드와 공이 충돌할 때 클럽 헤드가 공에 가해진 힘 그리고 이 힘이 골프공에 전달될 때 부딪히는 아주 짧은 시간과의 곱을 충격량이라 한다(그림 12). 즉, 임팩트 이후 감속된 클럽 헤드 운동량 혹은 증가한 골프공의 운동량을 충격량이라 할 수 있다. 각운동량에 의해 골프 클럽의 헤드는 매우 빠른 속도로 곡선 운동을 하게 되고, 임팩트 전에 헤드 속도는 최대로 증가하게 된다. 임팩트 순간에 클럽 헤드의 속도를 최대로 올려 충격량을 최대로 만드는 것이 장타의 조건이 된다.

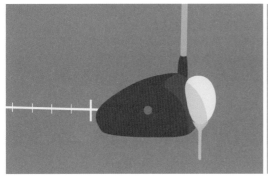

그림 12 공과 클럽의 충격을 의미하는 임팩트　　　　　그림 13 운동량에 대한 이해

※ 운동량: 물체의 운동 상태를 나타내는 물리량으로서 질량×속도이다.
※ 총알 질량은 작지만, 속도가 빨라서 운동량이 매우 크다.

※ 관성모멘트(Moment of inertia)와 각속도(Angular velocity)

관성모멘트는 회전운동에 저항하는 물체의 특성으로 물체의 질량과 분포를 나타내는 회전반경의 제곱의 곱으로 정의된다. 즉, 물체가 같은 질량이라도 그 분포가 다르면 관성모멘트에 영향을 미친다. 이에 스윙 동안 회전축을 중심으로 질량의 분포가 바뀐다는 것을 인식해야 한다. 질량의 분포는 모든 관절이 펴진 상태에서 가장 크고, 최대한 굽힌 상태가 가장 작다고 할 수 있다. 만약 탑스윙에서 다운스윙으로 움직일 때 모든 관절이 펴진 상태로 움직인다면 관성모멘트가 커져 회전하는 데 어려움이 있으며, 회전속도를 가속하기도 쉽지 않다.

따라서 다운스윙 초반 움직임에는 관절이 굽혀 있어야 관성모멘트를 낮추고 회전속도를 증가시킬 수 있으며, 미드다운스윙 구간부터는 관절 각도가 점진적으로 펴지면서 임팩트가 이뤄져야 각운동량이 최대치에 도달하고 가장 빠른 상태의 클럽 헤드 스피드를 이룰 수 있다.

따라서 다운스윙에서 손목 캐스팅이나 스쿠핑이 발생하지 않도록 해야 하는 이유가 다운스윙 초반에 관절의 각도가 빠르게 펴지면 관성모멘트가 커져 회전속도를 방해해 에너지 효율이 떨어지기 때문이다.

스윙에서 올바른 회전의 효과

스윙에서 올바른 회전은 다음과 같은 효과가 있다.

1) 클럽 헤드의 가속 능력 향상

2) 스윙 궤도를 이롭게 하고 안정화

3) 스윙에 관여하는 근육 기능의 효율성 증대

4) 근육의 연결 연쇄 작용을 발생시켜 협응 능력 향상

5) 불필요한 신체 움직임(Swaying) 등을 예방

6) 클럽 헤드 움직임에 대한 이해도 향상

스윙에서 **회전의 목적은 효율적인 회전력을 생성하기 위한 움직임이므로** 다음 사항은 회전에 조건이 된다.

1) 회전축을 중심으로 회전해야 함

2) 신체의 각운동량을 최대로 끌어올리는 회전을 해야 함

3) 올바른 클럽 헤드의 궤도를 통해 에너지 손실 없이 공에 모두 전달해야 함

신체의 회전

회전축(Pivot)

골프 스윙에서 몸을 회전할 때 척추(경추-흉추)가 회전축이 된다.

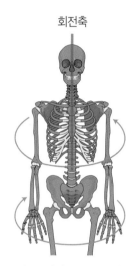

그림 14 회전축과 회전 방향

골프 스윙에서 회전축(Pivot)은 명확한 정의가 없어 표현하는 사람마다 다르게 설명한다.

골프 스윙 특성과 신체 구조적 특성 그리고 운동역학적 원리를 종합해 보면, 골프 스윙에서 회전축은 요추 부분이 제외된 경추에서 흉추까지다. 척추가 회전축으로 정의될 때 스윙의 효율적인 플레인(Plane)을 이룰 수 있다.

회전 방향

스윙에서 회전축이 척추(경추-흉추)로 정의될 때, 몸의 회전 방향은 회전축을 중심으로 좌, 우로 회전한다.

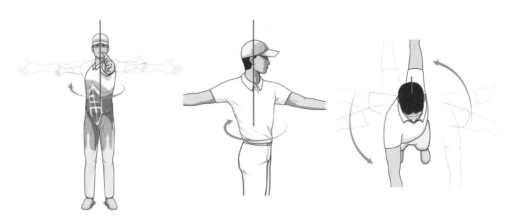

그림 15 서 있을 때 몸의 회전과 방향

※ 신체가 회전하는 데 작용하는 근육

몸통을 회전시키는 주요 근육들이 있다. 복부 근육과 척추 기립근, 척추 다열근 그리고 요추 주변의 장요근, 장골근 등이 몸통 회전에 관여한다. 복부의 복직근, 복횡근, 외복사근, 내복사근은 몸통의 회전과 안정화에 직접적인 역할을 하며, 척추 기립근과 주변 근육은 요추의 움직임을 도와 몸통의 회전을 더욱 견고하게 한다. 하지만 이것이 스윙에서 몸통 회전을 이루는 전부는 아니다.

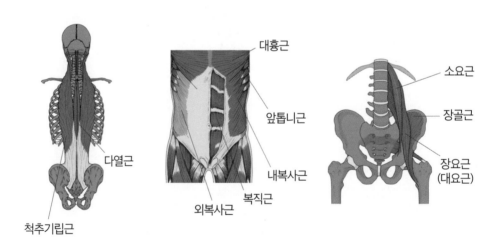

그림 16 회전을 담당하는 근육 부위

스윙에서는 사선시스템과 같은(자세한 내용은 '신체의 연결 연쇄작용과 골프스윙' 참고) 연결 연쇄 작용이 발생해야 회전력을 생성할 수 있다.

※ 골반 회전의 부작용(잘못된 회전 방법)

골반은 하체의 안정성을 유지할 뿐만 아니라 위로는 척추와 연결된 뼈대를 의미하기 때문에 골반을 의식하여 움직이려 한다면 골반을 둘러싸는 위, 아래 근육들과 다리로 연결되는 근육들이 모두 작용하게 된다. 이는 불필요한 에너지와 움직임을 발생시켜 하체의 안정성을 해치고, 척추의 안정성도 떨어트려 스윙에 필요한 회전을 오히려 방해한다. 따라서 복부 작용에 의해 자연스럽게 골반이 움직이도록 해야 한다.

스윙 자세에서의 회전

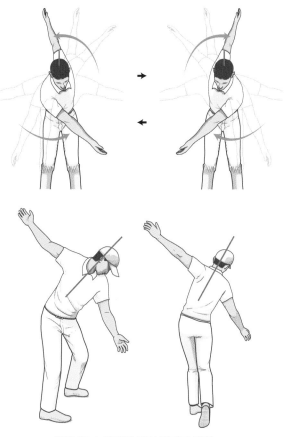

그림 17 스윙에서 몸의 회전과 방향

서 있을 때 회전은 회전축을 중심으로 좌, 우로 회전했다면, 스윙 자세에서도 회전축을 중심으로 좌, 우로 회전한다. 다만, 숙인 자세이기 때문에 백스윙에서는 오른쪽 어깨보다 왼쪽 어깨가 자연스럽게 낮아지며 다운스윙에서는 반대가 된다.

스윙 자세에서 회전이 어렵게 느껴지는 이유

1) 서 있는 자세와 스윙 자세의 차이

서 있을 때 상체와 하체의 회전 방향은 같다. 하지만 스윙 자세에서는 상체를 숙이는 자세가 있어 이를 인식하는 과정이 어렵다.

그림 18 서 있는 자세에서 회전 방향과 스윙 자세에서 회전 방향

2) 스윙 회전을 일으키는 부위와 함께 움직이는 부위에 대한 구별

스윙 회전에 관여하는 근육 작용은 두 가지로 분류된다.

① 느끼지는 못하지만, 함께 작용하기 때문에 강화해야 하는 근육
② 회전 시 느끼면서 작용하는 근육

스윙 동작에서 회전할 때 어깨를 돌리거나 골반으로 회전하라고 하지만, 원하는 형태의 회전이 쉽게 발생하지 않는 이유는 어깨나 골반은 상체와 하체를 안정화하는 역할로 회전을 일으키는 부위가 아니기 때문이다.

이에 회전할 때 어떤 부위가 느껴지는지, 느껴지지 않지만 어떤 부위가 함께 따라 움직이는지 이해가 필요하다.

※ 스윙에서 회전의 목적

스윙은 비틀림 힘을 활용해 에너지를 생성하고 사용한다. 비틀림 힘이 효과적으로 작용하는지 확인하기 위해 백스윙 동안 상체의 중심선과 하체의 중심선이 일치하는지 확인해본다. 또한 임팩트에 가까워질수록 일치되었던 중심선이 점진적으로 분리되는지 확인해본다.

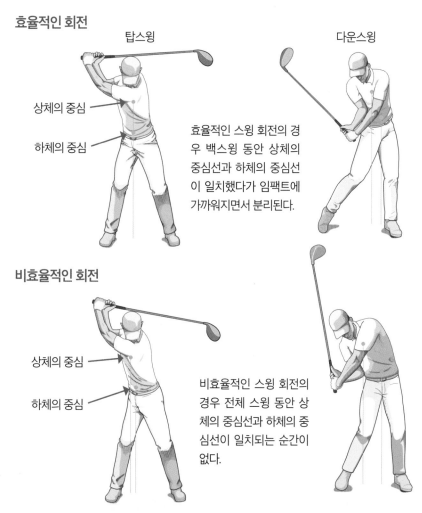

효율적인 회전

탑스윙　　　　　　　다운스윙

상체의 중심

하체의 중심

효율적인 스윙 회전의 경우 백스윙 동안 상체의 중심선과 하체의 중심선이 일치했다가 임팩트에 가까워지면서 분리된다.

비효율적인 회전

상체의 중심

하체의 중심

비효율적인 스윙 회전의 경우 전체 스윙 동안 상체의 중심선과 하체의 중심선이 일치되는 순간이 없다.

그림 19 스윙 동안 작용하는 상체 중심선과 하체 중심선 위치

스윙 자세에서 회전을 돕는 신체의 연결 연쇄 작용(사선 시스템)

스윙에서 효율적인 비틀림 힘을 활용하기 위해서는 올바른 회전 방향을 이해하는 것이 우선이다. 이때, 신체의 연결 연쇄 작용을 활용하면 올바른 회전을 더욱 수월하게 할 수 있다. 신체의 사선 시스템은 몸통 회전 시 몸통의 꼬임과 지면 누르는 힘을 자연스럽게 연결시킨다. 스윙 동안 팔을 제외한 몸통 회전만 보면 그림 20, 21과 같다.

그림 20 백스윙에서 몸통의 회전과 근육 복합 시스템 작용

그림 20은 백스윙 동안에 앞측 사선 시스템과 뒤측 사선 시스템이 복합적으로 작용하며, 그림 21은 다운스윙에서 작용하는 앞측 사선 시스템과 뒤측 사선 시스템이 작용하는 모습이다.

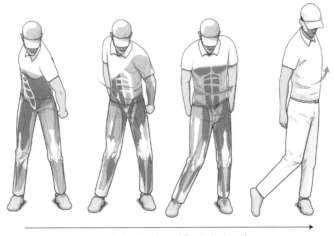

앞측 사선 시스템 → 뒤측 사선 시스템

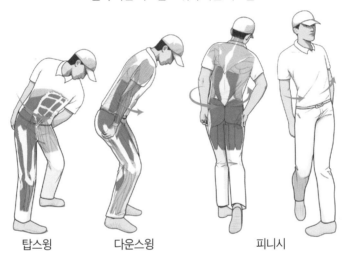

탑스윙   다운스윙   피니시

그림 21 다운스윙에서 몸통의 회전과 복합 시스템 작용

릴리즈, 팔루스루 구간부터는 뒤측 사선 시스템이 복합적으로 작용한다.

※ 헤드 스피드와 스윙 동작 관계

과거에는 클럽 헤드 스피드를 향상하기 위해 다운스윙에서 힙이나 골반의 움직임 속도가 중요한 요인으로 언급되었지만, 헤드 스피드에 실질적인 영향을 미치는 것은 몸통의 회전 속도로 해석되고 있다. 빠른 몸통 회전 속도를 만들기 위해서는 효과적인 근육 작용이 반드시 필요하며, 이는 올바른 스윙 동작에도 해당한다.

올바른 회전에 의한 실제적 스윙 플레인
(Real Swing Plane)

스윙 플레인은 무엇인가?

스윙 플레인이란, 면(Plane)이라는 뜻으로 스윙 전체에서 클럽의 움직임을 하나의 선으로 연결해 놓은 것과 같은 추상적 개념이다. 과거 전통 스윙 이론에서는 클럽이 올라간 길 그대로 내려와야 파워와 정확한 임팩트를 이룰 수 있다 하여 유리면과 같은 플레인이 중요하게 다뤄졌다. 하지만 최근 골프 연구에서는 스윙 시 에너지 전달 과정(무게 이동)과 신체 구조로 인해 유리면 또는 하나의 면과 같은 스윙 플레인은 실제로는 나타날 수 없으며, 오히려 올라갈 때의 길과 내려오는 길이 다른 역동적인 형태가 에너지 효율에 더욱 효과적이라고 밝혀졌다.

스윙 궤도(Trajectory)는 무엇인가?

골프 스윙에서 궤도란, 전체 스윙을 하는 동안 클럽 헤드가 실제로 지나간 궤적을 의미한다. 스윙 궤도는 공의 방향성이나 거리에 영향을 직접적으로 미치기 때문에 상급 골퍼가 되면 이상적이고 효율적인 궤도를 보인다. 이에 선수들은 최대의 효율을 내기 위해 클럽 헤드의 궤적만이 아닌 스윙 동안의 손의 궤적이나 무게중심 궤적까지 세세히 다룬다.

이상적인 스윙 궤도가 정확한 임팩트와 효율적인 스윙을 의미하다 보니 스윙의 하프 부분 즉, 스윙의 시작(테이크어웨이)과 임팩트가 이뤄지는 실제적 플레인의 중요성이 강조되고 있다(그림 26).

그림 22 면을 뜻하는 스윙 플레인

그림 23 역동적인 스윙 궤도

따라서 추상적 개념의 스윙 플레인이 아닌 실제적 플레인 구간에 대한 이해와 기본 개념이 필요하다. 실제적 플레인 구간은 이상적인 클럽 헤드 궤도를 이루는 데 효과적이다.

※ 유리면 스윙 플레인이란

벤 호건은 어깨선과 볼을 연결하는 유리면을 스윙 플레인으로 정의하였다. 벤 호건은 손과 손목, 팔꿈치, 무릎, 발목 등의 세세한 신체 움직임이 골프 스윙에 얼마나 중요한 역할을 하는지 밝혀냈으며 골프 스윙을 이론화하였다. 이는 스윙 발전에 발판이 되었을 뿐만 아니라 골프 스윙 궤도에 대한 개념을 대중에게 전달하여 스윙 기술 일반화에 크게 기여하였다. 많은 골퍼들은 스윙이 평면, 즉 올라간 길대로 내려와야 효율적인 샷을 할 수 있고 가장 일관된 스윙을 할 수 있다고 믿게 되었으며, 향후 많은 골프 교습가들은 이러한 원리를 근거로 골프 스윙을 지도하였다.

교습가들은 유리면 스윙 플레인을 적극적으로 수용하였으며 이를 구축하기 위해 다음과 같은 내용을 중요하게 설명하였다.

1. 스윙에서 왼팔은 단 한순간도 굽히면 안 된다.
2. 백스윙에서 왼팔은 곧게 뻗은 채 가슴을 가로질러 가야 한다.
3. 백스윙 중 오른팔은 몸에서 떨어지지 않아야 한다.
4. 낮은 탑스윙이 중요하다.
5. 다운스윙 시 오른팔은 몸통에서 떨어지지 않고 최대한 밀착해 내려와야 한다.
6. 임팩트 이후 왼팔의 릴리즈 동작 즉, 바깥으로 회전되어야 한다.

그림 24 유리면 스윙 플레인

※ 기능적 스윙 플레인(Fuctional Swing Plane)

기능적 스윙 플레인이란, 실제 스윙은 올라간 길과 내려오는 길이 같을 수 없는 역동적 형태를 보인다고 운동역학자들에 의해 밝혀졌다. 이를 통해 벤 호건의 유리면 스윙 플레인이 아닌 미드다운스윙-임팩트-팔로스루 구간까지만 평면의 플레인을 이룰 때 스윙은 가장 효율적이라고 보고하였다.

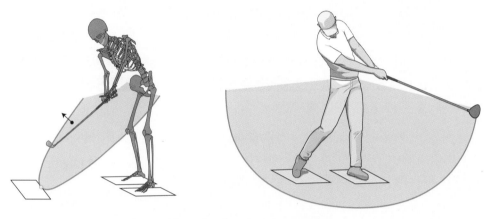

그림 25 기능적 스윙 플레인 개념 이해

유리면 스윙처럼 스윙 전체를 평면으로 이루려 할수록, 에너지 활용에 매우 비효율적이라고 하면서 기능적 스윙 플레인 구간이 공의 출발 방향과 임팩트 퀄리티(정타)에 영향을 미쳐 이 구간의 궤도가 가장 중요하다고 하였다. 이에 실제적 플레인 구간의 초석을 다뤘다.

실제적 플레인 구간

임팩트 존에서 클럽 헤드의 궤도가 면으로 움직일수록 스윙의 효율이 높아진다고 밝혀지면서 실제적 플레인 구간에 대한 개념이 구체화되었다.

실제적 플레인 구간이란, 스윙의 하프 라인 구간(그림 26)으로 이때 클럽 헤드의 궤적이 평면으로 지날수록 거리와 방향에 효과적이다. 실제적 플레인 구간의 핵심은 몸통과 하체의 움직임 그리고 팔과 손의 통제로, 이에 대한 이해와 훈련이 필요하다. 실제적 플레인 구간에서는 절대적으로 부분 교정을 할 수 없다. 따라서 백스윙 시작 구간과 다운스윙-팔로스루까지의 실제적 플레인 구간이 어떻게 연결되어 이뤄지는지 전체적으로 이해해야 효율적인 실제적 플레인 구간을 이룰 수 있다.

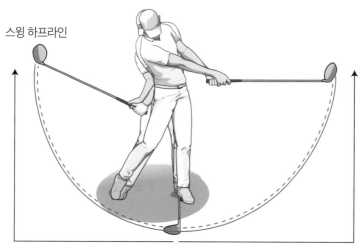

스윙 하프라인

어드레스-테이크어웨이 구간   임팩트-팔로스루 구간

그림 26 정면에서 실제적 플레인 구간

레이트다운스윙

팔로스루

임팩트

그림 27 측면에서 실제적 플레인 구간

회전축과 실제적 플레인의 관계

스윙 동안 회전축(경추-흉추) 유지는 스윙의 효율성 측면에서 매우 중요하다. 특히 회전축의 각도를 최대한 유지해야 하는 구간인 어드레스-테이크어웨이와 레이트 다운스윙(Late downswing), 임팩트, 팔로스루가 결국 실제적 플레인 구간이라 할 수 있다. 실제적 플레인 구간을 이루기 위해서는 회전축 유지와 함께 발의 압력분포, 지면 누르는 힘과 비틀림 힘이 발생해야 빠른 헤드 스피드와 정타 확률, 공의 방향성에 긍정적인 영향을 미치게 된다.

올바른 회전으로 발생하는 무게중심
(Centre of Gravity) 이동

스포츠 동작에서 무게중심 이동 또는 체중이동은 에너지를 내는 데 효과적이다. 하지만 무게중심 이동은 오른발에서 왼발로 체중을 이동시키는 의미가 아닌 몸 중심점의 움직임을 의미하기 때문에 실질적으로 움직임 범위가 넓지 않다. 단순히 무게중심 이동을 체중이동으로 이해하고, 에너지 활용 요소로 여긴다면 백스윙에서 무게를 이동시키기 위해 오른발로 미는 현상 또는 다운스윙에서 왼쪽으로 힙을 밀거나 배를 내미는 등의 비효율적인 동작을 하게 된다. 따라서 올바른 무게중심 이동은 올바른 회전으로 발생한다는 것을 알아야 한다.

무게중심

그림 28 스윙에서 무게중심 위치

무게중심 위치는 스윙 동작에 따라 위, 아래, 좌, 우로 이동하지만 그 범위가 넓지 않으며, 스윙의 실제적 플레인 구간을 이루는 회전축과는 의미가 다르다.

무게중심 이동 또는 체중이동은 스윙 동안 반드시 발생해야 하지만 올바른 회전 속에서 발생해야 가장 효과적이다.

※ 무게중심

물체에 작용하는 중력의 크기를 '무게'라 하고 물체의 총 무게가 작용하는 곳을 무게중심이라 한다.

※ 압력중심(Center of Pressure)

발에서 측정되는 압력의 중심점이며, 중력선이 지면에 닿는 끝 지점이기도 하다. 골프 스윙에서 표현하는 압력중심은 양발의 평균 압력중심으로 누르는 힘이라 인식하지 않는 것이 옳다. 무게중심이나 압력중심은 신체의 움직임 형태나 속도에 의해 달라지기 때문에 에너지 효율의 중요한 지표로 활용된다.

관성력 작용

관성

관성은 운동의 상태를 유지하고자 하는 경향이다. 정지해 있는 물체는 정지 상태를, 움직이고 있는 물체는 움직이는 상태를 유지하려는 속성이다.

관성력

관성력은 원심력과 같은 가상의 힘으로, 가속도 방향의 반대 힘이라 할 수 있다. 멈춰 있던 버스가 급정거할 때 버스 안에 있던 사람들은 앞으로 쏠리는 현상을 겪게 된다. 이때 사람들은 어떠한 힘을 느끼게 되는데 이것을 관성력이라 한다. 놀이기구 바이킹을 탈 때도 우리는 관성력을 쉽게 느낄 수 있다.

그림 29 관성과 관성력   그림 30 스윙에서의 관성과 관성력

스윙에서 관성력 작용

스윙에서 관성력과 원심력 중 어느 작용이 더 큰지에 대한 논의가 지속되어 왔다. 현재까지 이뤄진 운동역학 연구에 의하면 관성력과 원심력 모두 작용하는 것으로 밝혀졌지만, 골퍼의 의식적 행위와는 차이가 있다는 것을 알아야 한다.

스윙에서 관성력은 무게중심 이동과 하체 움직임에 의해 상체 그리고 클럽 헤드에 미치는 작용이라 할 수 있다. 다운스윙의 시작 구간에서 왼발로 무게중심 이동과 지면 누르는 힘으로 인해 선형(직선)운동은 정지하고, 회전운동으로 운동량이 보전되고 전이되면서 상체는 왼쪽으로 회전되고 이때 몸의 중심보다 뒤에 오던 클럽 헤드는 몸의 중심을 지나 앞서가도록 해야 에너지 효율과 임팩트 타이밍에 효과적이다.

만약 손목의 각도를 임팩트 직전까지 유지하려고 <u>의도</u>한다면 임팩트 타이밍을 이루는 데 비효율적이다.

신체의 회전력과 헤드 무게를 활용할 때 에너지 효율을 높일 수 있다. 이를 위해 레이트 히팅 동작 즉, 의식적으로 손목의 각도를 끝까지 유지해야 한다는 표현은 동작에 오해를 일으킬 수 있다.

탑스윙에서 몸의 중심보다 멀리 그리고 늦게 따라오던 클럽 헤드는 임팩트 존에서 몸의 회전보다 더 빠르게 앞서 나가기 위해서는 손목 풀림 동작이 있어야 클럽 헤드에 관성력 작용도 발생한다.

올바른 타이밍은 에너지 효율에 효과적일 수 있지만, 때론 악성 구질의 주요 요인이 될 수도 있어 지면을 누르는 시점과 클럽 헤드의 관성력 작용 시점이 중요하다. 관성력 작용 시점 이후 헤드는 관성에 의해 임팩트를 지나 팔로스루 동작까지 연결되어 움직이게 된다.

제 2 장

실제 동작에
적용하기

어드레스

　모든 운동에는 기본 준비 자세가 있으며 개방 운동 자세와 폐쇄 운동 자세로 분류된다(아래 참고). 골프는 폐쇄 운동 자세에 속하는 것으로 분류되지만, 다양한 외부 환경에서 경기한다는 점에 개방 자세와도 관련이 있다.

　골프 스윙은 다양한 지면 상태와 날씨에서 최대한 신체 균형을 유지하여 공을 멀리 또는 정확하게 보내야 한다. 이에 스윙의 준비 자세인 어드레스를 소홀하기 쉽지만, 골프 경기에서 매우 중요한 부분이다.

※ 개방 운동 자세(Open Athletic Posture)

개방 운동기술은 환경이 지속적으로 변화되는 상황에서 행해지는 운동기술로서 야구, 축구, 테니스, 탁구, 배드민턴, 아이스하키, 레슬링 등이 있다. 목표 움직임에 따라 신체가 반응하며 행해지기 때문에 이에 대한 적합한 자세가 필요하다.

※ 폐쇄 운동 자세(Closed Athletic Posture)

개방 운동기술과 반대로 환경의 변화가 고정적이고 거리나 방향이 매우 정밀하고 정확성이 주된 목적의 운동기술이다. 양궁, 사격, 볼링, 골프, 역도 종목 등이 대표적인 폐쇄 운동기술이다. 폐쇄 운동기술은 정확하고 일관된 동작을 수행하기 위해 적합한 자세를 취해야 하는데, 특히 동작을 수행하기 직전의 준비 자세가 중요하다. 사격 자세, 양궁 자세, 농구 자유투 자세, 골프 셋업 자세, 볼링 셋업 자세 등이 중요하게 여겨지는 이유이다.

어드레스 자세 취하는 방법

순서에 맞춰 어드레스 자세를 설명해 보고자 한다.

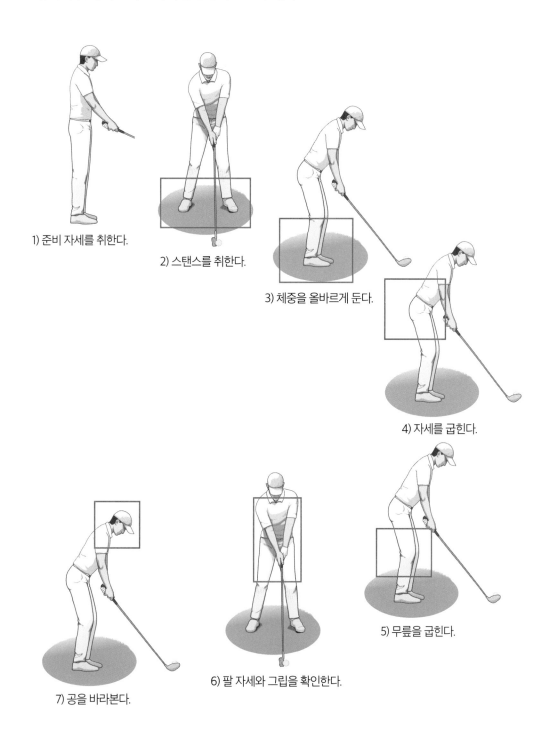

1) 준비 자세를 취한다.

2) 스탠스를 취한다.

3) 체중을 올바르게 둔다.

4) 자세를 굽힌다.

5) 무릎을 굽힌다.

6) 팔 자세와 그립을 확인한다.

7) 공을 바라본다.

1) 준비 자세를 취한다

바른 자세를 갖추어 스윙의 준비 자세를 취한다. 바른 자세는 스윙 중 신체 균형을 유지하고 스윙에 필요한 신체 움직임을 효과적으로 만드는 기초적인 신체 자세라 할 수 있다.

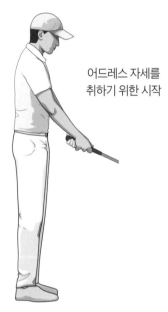

어드레스 자세를
취하기 위한 시작

그림 31 어드레스 준비자세

※ 바른 자세에 대한 주의 사항

억지로 바른 자세를 취하려는 것은 오히려 온몸에 힘이 들어가게 되어 스윙을 방해하고, 부상 위험도도 높인다.

신체의 바른 자세는 근육의 연쇄 작용을 쉽고, 효과적으로 일으키기 때문에 매우 중요하다. 바른 자세를 편안하고 자연스럽게 취할 수 있도록 자세 교정이 필요하며, 이는 효과적인 어드레스 자세를 취하는 데 도움이 된다.

* 사람들의 신체 자세는 다양하다. 유전적인 요인, 환경적인 요인, 잘못된 생활 습관 등으로 자세가 틀어지기도 한다. 기본적인 신체 자세가 올바르지 않다면 운동을 통한 교정이 필요하다. 올바른 신체 자세를 유지하기 위해서는 기본적으로 항중력 근육을 강화시켜야 한다.

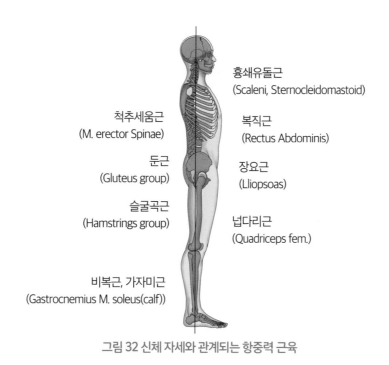

흉쇄유돌근
(Scaleni, Sternocleidomastoid)

복직근
(Rectus Abdominis)

장요근
(Lliopsoas)

넙다리근
(Quadriceps fem.)

척추세움근
(M. erector Spinae)

둔근
(Gluteus group)

슬굴곡근
(Hamstrings group)

비복근, 가자미근
(Gastrocnemius M. soleus(calf))

그림 32 신체 자세와 관계되는 항중력 근육

2) 스탠스를 취한다

일반적으로 드라이버는 어깨 너비보다 넓게 서고 아이언은 어깨나 골반 너비로 서야 한다는 등 다양하다. 또 스탠스 너비는 스윙 플레인 형태에 따라 정하거나 키 높이, 신체 사이즈에 따라 정해야 한다지만, 이는 신체 균형과 전신 힘을 사용하는 것과 매우 깊은 관련이 있다. 단순히 넓거나 좁은 형태가 아닌 넓이에 대한 근본적 이해가 필요하다.

스탠스 넓이를 정하는 중요한 요소

1. 스윙 중 무게중심(COG)이 좌, 우, 위, 아래로 변화하는데, 변화의 폭을 최소화하면서 역동적인 움직임에 도움이 되는 스탠스의 넓이가 필요하다.
2. 골프 스윙은 안정성이 확보된 상태에서 빠른 속도의 움직임이 필요하다. 따라서 단순히 키(Height)보다는 하체의 관절들과 근육을 잘 활용할 수 있는 스탠스의 넓이가 함께 고려되어야 한다.
3. 엉덩 관절의 굽힘 각을 적절히 활용하기 위해 자신의 골반 너비보다 넓게 서야 하며, 드라이버의 경우

더욱 강한 하지 근력을 사용하기 위해 어깨 너비보다 조금 더 넓게 서는 것이 좋다.

4. 기저면(Base of Support)이 넓으면 좁은 기저면에 비해 엉덩 관절, 엉덩 근육, 복근, 다리 근육 등 큰 근육 사용에 효과적이다. 스윙에서도 좁은 형태의 스탠스보다 넓은 형태의 스탠스가 스윙에 도움을 주지만 너무 넓은 기저면은 회전에 관여하는 근육 작용을 제한하고, 필요한 무게중심 이동을 제한할 수 있다.

스탠스 넓이 방법

(1) 복부와 엉덩 근육의 힘으로 지면을 누를 수 있는 만큼 벌려 선다.

(2) 무게중심이 좌우로 이동할 수 있을 만큼 벌려 선다.

※ 복부와 엉덩 근육으로 지면을 누를 수 있는 정도의 양발 간격이 필요하다.

그림 33 효율적인 스탠스 넓이의 기준

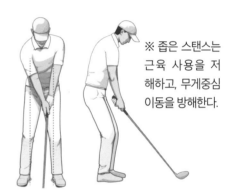

※ 좁은 스탠스는 근육 사용을 저해하고, 무게중심 이동을 방해한다.

그림 34 비효율적인 스탠스 넓이와 자세

기저면(Base Of Support)

몸과 지면이 직접 닿는 부분으로 양 발바닥과 발과 발 사이의 모든 면적을 포함한 부분을 기저면(BOS)이라 한다.

움직이는 자세와 형태, 속도에 따라 기저면의 형태는 변화되며 기저면의 넓이에 따라 신체의 안정성에도 차이가 있다.

넓은 기저면은 좁은 기저면에 비해 신체의 안정성을 높인다.

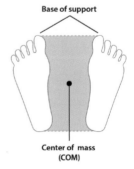

그림 35 기저면(BOS)

무게중심(Centre Of Gravity)

신체에서 가만히 서 있을 때 무게중심은 배꼽 라인에서 몸 안에 위치하지만 골프 자세에서 무게중심은 배꼽 라인에서 1inch 아래, 그리고 등 쪽으로 1.5inch 정도에 위치한다.

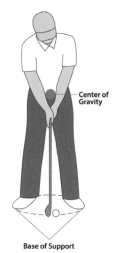

그림 36 무게중심

스윙에서 기저면

1. 스윙은 빠른 속도를 내지만 안정성을 확보해야 하기 때문에 넓은 형태의 기저면이 필요하다.
2. 지나치게 넓은 기저면은 회전에 관여하는 근육 작용과 무게중심 이동을 제한한다.

스탠스 넓이와 무게중심(COG)의 관계

스윙 동안 무게중심 위치는 지속적으로 변화한다.

변화의 폭이 크지 않지만 스탠스 넓이와 자세에 따라 무게중심은 영향을 받는다.

그림 37 하체의 자세와 무게중심 위치

※ 골프 스윙을 할 때 스웨이(Sway), 배치기(Early extension), 심한 머리 움직임은 무게중심의 위치를 비효율적으로 움직이게 한다. 이는 에너지 효율과 스윙의 정확도를 감소시킨다.

3) 체중을 올바르게 둔다

스탠스에서 체중의 분포에 대해 다양하게 언급된다. 발 중앙에 체중을 두거나 발 뒤쪽 또는 발 앞꿈치에 체중을 두라고 하는 한편, 발 등 쪽에 체중을 두고 오른발에 체중을 60%, 왼발에 40% 두라고도 한다. 또한 왼발 압력이 55%, 오른발 압력이 45% 분포한다고도 한다. 하지만 스윙의 균형을 유지하고, 백스윙과 다운스윙에서 몸을 효율적으로 움직이게 하기 위해서는 다음과 같은 부분을 고려하는 것이 효과적이다.

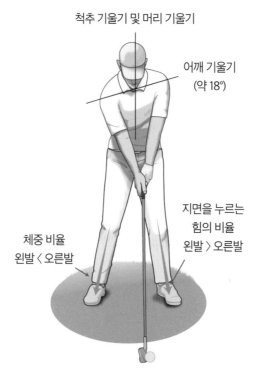

척추 기울기 및 머리 기울기

어깨 기울기
(약 18°)

지면을 누르는
힘의 비율
왼발 〉 오른발

체중 비율
왼발 〈 오른발

그림 38 어드레스 자세에서 왼발, 오른발 힘의 작용과 체중 분포

체중 분포에 대한 요소(우타의 경우)

- 체중 분포와 지면을 누르는 힘은 다른 작용이다.
- 체중 분포는 기울이는 자세에 의해 자연스럽게 오른쪽 비율이 높다.
- 지면을 누른 힘은 왼발 비율이 높다.
- 발의 아치 1/3 지점에 압력 중심이 위치한다(발등 신발끈 묶는 곳에 중심을 둔다).

① 적절한 좌, 우 체중 분포 방법

(1) 왼발의 지면 누르는 힘을 발생시킨다. 이때 체중이 왼발로 쏠리지 않게 한다.

(2) 척추 기울기 및 오른 어깨 기울기를 통해 상체의 무게는 자연스럽게 오른 다리에 작용한다.

드라이버의 경우(우타의 경우)

왼발의 누르는 힘이 오른발의 힘보다 큰 것으로 조사되었다. 다만 척추와 어깨가 오른쪽으로 기울게 되면서 오른쪽 발의 체중이 높은 것으로 보고되었다. 즉, 오른발에서 측정되는 체중 비율은 의식적인 현상이 아닌 자연스러운 현상이지만 왼발의 누르는 힘은 필수적으로 작용해야 한다.

※ 왼발 힘 작용 효과

1. 스웨이 현상을 방지할 수 있으며, 무게중심의 위치를 효과적으로 유지시킨다.
2. 다운스윙에서 필요한 하체의 움직임에 효과적이다.

② 적절한 앞, 뒤 체중 분포 방법(밝히는 부분)

(1) 발 앞꿈치가 아닌 발 아치 1/3 지점이 눌리며 선다(신발끈 묶는 곳).

(2) 발의 압력분포는 스탠스 넓이, 상체 균형과 관계된다.

※ 올바르게 눌리는 힘의 작용

그림 39 효율적인 압력점

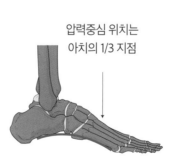

압력중심 위치는 아치의 1/3 지점

그림 40 발의 아치 1/3 지점

※ 비효율적인 자세는 발의 압력분포를 방해함

그림 41 비효율적인 자세

※ 아치의 역할

아치의 구조는 세 가지 형태로 나뉘며, 역할은 다음과 같다.

1. 전신의 무게를 분산시킴
2. 움직일 때 발생하는 충격 흡수를 통해 신체의 기능적 이고 다양한 움직임을 가능하게 함
3. 탄력적이고 유연한 하체의 움직임을 가능하게 하여 골 프 스윙에 중요한 역할을 함

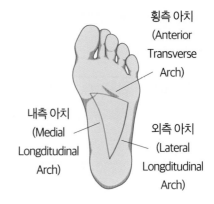

그림 42 아치(Arch)의 구조

4) 자세를 굽힌다

자세 굽힘은 스윙의 많은 부분에 영향을 미치는데 흔히 자세 굽힘을 쉽게 하기 위해 골반 또는 고관절을 접으라고 하거나 높은 의자에 걸터앉는 듯이 앉으라고도 한다. 바지 주름이 접히도록 앉 으라고 하거나 기마자세를 취하라고 하며, 엉덩이가 등 뒤의 가상에 벽에 닿도록 뒤로 살짝 빼라는 등의 표현도 한다. 하지만 자세 굽힘은 스윙 동안 효율적인 힘을 작용하게 하고, 동작을 쉽게 할 수 있도록 도우며, 필요한 근육 작용을 이롭게 하기 때문에 다음과 같은 요소를 고려해 명확한 자세를 취하는 것이 효과적이다.

어드레스 굽힘 자세에 대한 중요한 요소

- 엉덩 관절을 굽혀야 한다.
- 발의 압력과 연결되도록 상체를 숙여야 한다.
- 엉덩 근육이 작용해야 하고, 뒤쪽 허벅지 근육(Hamstrings)은 유연해야 한다.
- 골반의 기울기가 발생해야 한다(약 25°).

자세 굽히는 방법

(1) 엉덩 관절을 굽히고 상체를 숙여 발의 압력분포를 안정적으로 만든다.

(2) 적절한 엉덩 관절 굽힘으로 골반 기울기와 척추 자세를 이룬다.

(3) 엉덩 관절 굽힘과 척추 자세로 엉덩 근육과 하지 근육, 복근의 근육 연쇄 작용을 쉽게 만든다.

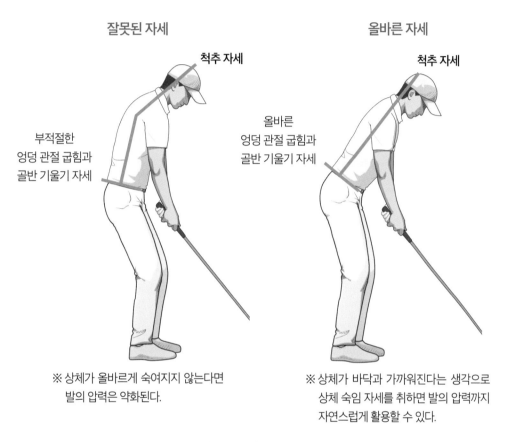

잘못된 자세

척추 자세

부적절한
엉덩 관절 굽힘과
골반 기울기 자세

※ 상체가 올바르게 숙여지지 않는다면
발의 압력은 약화된다.

올바른 자세

척추 자세

올바른
엉덩 관절 굽힘과
골반 기울기 자세

※ 상체가 바닥과 가까워진다는 생각으로
상체 숙임 자세를 취하면 발의 압력까지
자연스럽게 활용할 수 있다.

그림 43 척추 자세와 엉덩 관절 굽힘과 골반 기울기 관계

※ 자세 굽히기와 근육 연쇄 작용

앞쪽 허벅지 근육(Quadriceps)에 힘이 들어가지 않아야 엉덩 근육(Gluteus)과 허벅지 근육(Hamstrings)
이 활성화되는 데 도움이 된다. 또 엉덩이를 뒤로 밀어내는 자세는 꼬리뼈(Tail bone) 부위를 척추 자세
와 일치시킨다.

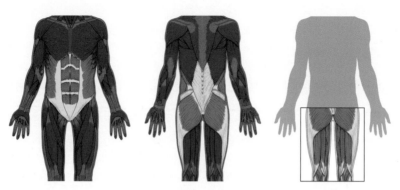

그림 44 복근과 엉덩 근육, 허벅지 근육 위치

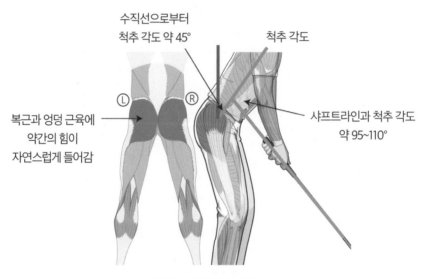

수직선으로부터
척추 각도 약 45°

척추 각도

복근과 엉덩 근육에
약간의 힘이
자연스럽게 들어감

샤프트라인과 척추 각도
약 95~110°

그림 45 어드레스 각도

상체를 굽힐 때 흔히 허리 부분을 굽힌다고 표현한다. 실제 상체를 굽히는 부위는 엉덩 관절 부분이다. 허리를 굽히거나 접는다는 표현은 척추의 각도 변화 등 스윙에 부정적인 영향을 미치는 왜곡된 인식과 정보를 줄 수 있어 실제로는 복부에 긴장을 주고 엉덩 관절을 굽혀야 엉덩 근육이 자연스럽게 활성화된다. 엉덩 관절이 접힐 때 허벅지 근육도 더욱 균형 있고 견고한 자세로 굽힘 동작을 이룰 수 있다.

5) 무릎을 굽힌다

어드레스에서 무릎을 약간 굽히거나 안쪽으로 모으라고 한다. 반대로 살짝 무릎을 벌리라고도 한다. 스윙에서 무릎 굽힘은 신체 움직임의 안정성과 파워 전체에 영향을 미치는 중요한 관절 움직임이다. 따라서 무릎의 역할을 이해할 필요가 있다.

어드레스에서 무릎 굽힘에 대한 중요한 요소

- 전신 균형을 이루기 위해 무릎을 살짝 굽혀야 한다.
- 무릎 굽힘이 발의 압력을 방해해서는 안 된다.
- 무릎 굽힘은 상체(척추) 자세와 관계된다.

무릎 굽히는 방법

(1) 발의 압력이 변화하거나 방해되지 않을 만큼 무릎을 살짝 굽힌다.

(2) 골반 기울기가 세워지지 않도록 한다.

(3) 무릎 주변에 필요 이상의 힘을 주지 않는다.

(4) 허벅지 뒤쪽 근육 유연성이 필요하다.

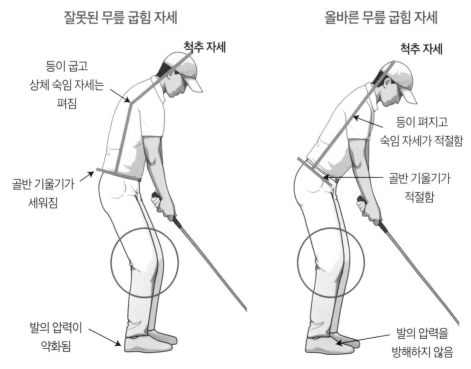

잘못된 무릎 굽힘 자세

척추 자세

등이 굽고 상체 숙임 자세는 펴짐

골반 기울기가 세워짐

발의 압력이 약화됨

올바른 무릎 굽힘 자세

척추 자세

등이 펴지고 숙임 자세가 적절함

골반 기울기가 적절함

발의 압력을 방해하지 않음

그림 46 척추 자세, 엉덩 관절 굽힘과 무릎굽힘 관계

※ 스윙에서 무릎의 역할

어드레스에서 적절한 무릎 굽힘은 스윙에 필요한 균형을 이뤄 신체의 안정성을 높이며 골반의 안정성을 돕는다. 과도한 무릎 굽힘은 골반 기울기를 감소시켜 하체의 안정성을 방해하고, 무게중심의 위치를 쉽게 변화시켜 스윙의 효율을 떨어트린다. 반면 무릎의 과한 펴짐은 스프링 역할을 방해한다. 허벅지 뒤쪽 근육이 짧아지고, 엉덩근이 약화되면 무릎이 과도하게 굽혀질 수 있어 유연성과 근력을 강화해야 한다.

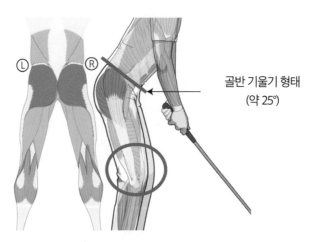

골반 기울기 형태
(약 25°)

그림 47 무릎굽힘과 골반 기울기 관계

6) 팔 자세와 그립을 완성한다

팔 자세에 대한 표현은 매우 다양하다. 양 팔꿈치를 몸 쪽으로 조여야 한다거나 오른쪽 팔꿈치를 최대한 옆구리 몸 쪽에 부착시켜야 한다고도 한다. 또 측면에서 살펴보았을 때 왼팔과 오른팔 사이 공간이 생기도록 왼팔은 쭉 뻗고, 오른팔은 굽히라고도 한다. 하지만 팔 자세와 그립의 형태는 스윙 회전과 신체 중심에 결정적인 영향을 미쳐 어떻게 팔 자세를 취하고 그립을 잡는지에 따라 스윙 전체의 효율이 좌우된다.

> **팔 자세를 취하는 데 대한 중요한 요소**
>
> • 복근과 앞톱니근의 약한 긴장(힘)이 필요하다.
> • 상부 승모근(Upper Trapezius)과 앞쪽 팔뚝 근육(Extensor) 사용을 최소화한다.

- 양팔이 벌어지지 않도록 몸통을 살짝 조이듯 모으는 작용이 필요하다.
- 오른팔의 불필요한 힘 사용을 조절하기 위해 오른팔 굽힘 동작이 필요하다.
- 상대적으로 왼팔은 조금 더 곧게 뻗는다.

① 팔 자세 취하는 방법

(1) 어깨를 약간 모으고(Protraction), 아래로 내려(Depression) 편안하고 자연스러운 자세를 취한다.

(2) (1)의 자세에서 몸통과 팔의 간격을 만든 다음 양팔을 서로 모은다.

(3) 왼팔은 조금 더 곧게 뻗고 오른팔은 살짝 굽힌다.

(4) 복부(몸통)의 긴장을 느낀다.

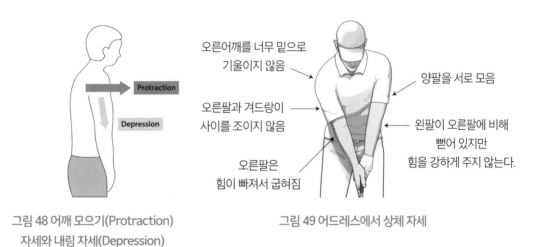

그림 48 어깨 모으기(Protraction)
자세와 내림 자세(Depression)

그림 49 어드레스에서 상체 자세

오른어깨를 너무 밑으로 기울이지 않음

양팔을 서로 모음

오른팔과 겨드랑이 사이를 조이지 않음

왼팔이 오른팔에 비해 뻗어 있지만 힘을 강하게 주지 않는다.

오른팔은 힘이 빠져서 굽혀짐

② 몸과 연결되는 팔의 작용 과정

(1) 팔과 몸통의 간격

양팔을 몸통에 붙이라고 표현하지만 스윙 동안 복부의 힘이 효과적으로 작용하기 위해서는 양팔이 몸통에서 적절히 떨어져 있어야 한다. 멀어지는 것과는 다르다. 양팔이 몸통에서 적절히 떨어지면,

1. 복부가 작용하는 데 도움을 줌

2. 손목 힘을 조절하고 팔 사용을 제한함

3. 스윙 궤도를 이루는 데 이로움

4. 근육의 연결 연쇄 작용을 촉진함

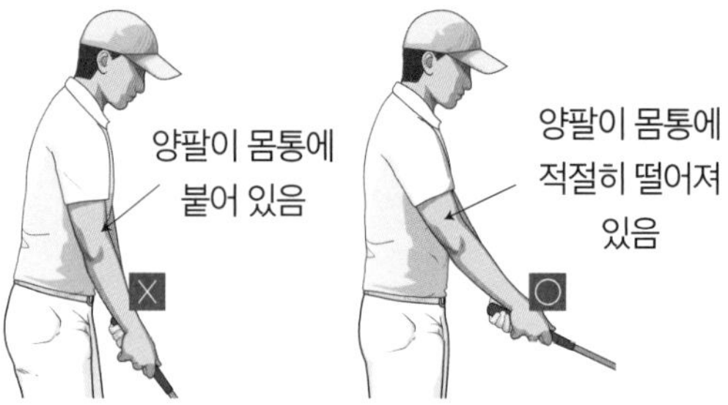

양팔이 몸통에 붙어 있음

양팔이 몸통에 적절히 떨어져 있음

그림 50 몸통과 팔의 간격

(2) 올바른 오른팔 자세

스윙을 측면에서 보았을 때 오른팔 위로 왼팔이 보여야 한다.

오른팔 자세는 팔의 힘과 관계되며, 손목 힘에도 영향을 미친다. 오른팔의 약간 굽혀 있는 자세는 몸의 회전과 스윙 궤도에 도움이 된다.

이때 주의해야 할 것은 오른팔 굽힘을 이루기 위해 지나치게 오른팔을 몸통에 붙이는 것은 몸의 회전을 제한하고 몸통과 팔의 간격을 가깝게 하는 원인이 된다.

측면에서 왼팔뚝이 보여야 함.

올바른 오른팔 자세는 과도한 힘 사용을 예방함.

그림 51 올바른 오른팔 자세

(3) 팔 자세와 상체의 연쇄 작용

팔 자세는 상체의 근육 연쇄 작용과 관계된다.

견갑골의 바른 균형과 안정성은 상체의 안정성을 이루게 한다. 스윙 중 견갑골의 안정성을 위해 어깨 모으기 자세가 필요하다.

올바른 어깨 모으기 자세는 팔과 어깨 그리고 앞톱니근의 연쇄 작용을 효과적으로 발생시켜 상체 안정화를 이루게 한다. 내림 자세는 상부 승모근이나 어깨의 불필요한 힘을 제어하는 데 도움이 된다.

스윙 중 어깨가 올라가는 동작은 발생하지 않아야 한다.

앞톱니근

삼두근

복근

그림 52 올바른 상체 자세와 근육의 연쇄 작용

그립에 대한 중요한 요소

• 손가락에서 복부 근육까지 연결되는 연쇄 작용에 대한 이해가 필요하다.

• 왼손 세 손가락 또는 오른손 세 손가락으로만 잡는 것이 아니다.

- 손보다 앞쪽 팔뚝의 힘이 강하게 작용하지 않도록 주의해야 한다.
- 왼손은 왼팔 아래 팔뚝 힘이 작용할 수 있도록 그립을 잡는다.
- 손목에 힘이 빠져야 한다.

③ 손목의 작용

(1) 왼손은 척골 방향(Ulnar deviation)으로 움켜쥐는 작용과
엎침(Pronation)회전, 약간의 뒤로 젖힘(Extension) 움직임
이 필요하다.

(2) 오른손도 척골 방향(Ulnar deviation)의 작용과 엎침(Pronation)
회전, 뒤로 젖힘(Extension) 움직임이 필요하다.

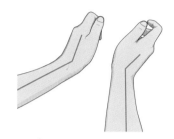

그림 53 왼손과 오른손 모양

(3) 손바닥의 두툼 근육을 활용해 그립을 잡는다.

(4) 백스윙 시작과 미드백스윙에서는 왼손목은 고정된 상태로 움직이며, 팔은 몸통의 회전 방향
을 따라 움직인다.

※ 팔과 손목 움직임 자세에 대한 이해

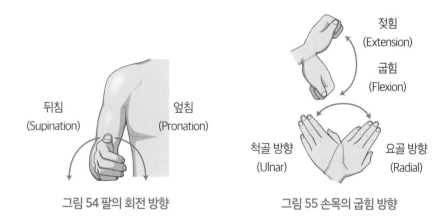

그림 54 팔의 회전 방향   그림 55 손목의 굽힘 방향

팔의 힘은 손바닥이 하늘을 향해 있다가 손바닥을 엎는 듯한 형태의 비트는 동작을 통해 가장 큰 힘을
발현한다. 이에 골프 스윙에서도 단순히 손목의 작용(코킹)이나 그립 자세를 알기보다 스윙 동작에서 효
율적인 힘을 활용하기 위해서는 팔과 손의 동작과 자세에 대한 이해가 필요하다.

④ 손가락의 작용

(1) 손바닥의 두툼 근육으로 그립을 잡는다.

(2) 왼손은 세 손가락이 작용해야 근육의 연
쇄 작용을 발생시킨다.

(3) 오른손은 돌림힘이 사용될 수 있게 중지
와 약지와 엄지 부위의 두툼한 근육을 이
용해 잡는다.

스트롱 그립　　스탠다드 그립　　위크 그립

그림 56 그립의 종류

그립 잡는 방법은 스윙 동작과도 관계되기 때문에 그립을 교정하려면 동작과 힘 사용 패턴을 함
께 교정해야 한다.

⑤ 손의 작용과 그립

(1) 그립의 목표

그립을 잘 잡아야 에너지 효율이 향상된다.

이에 그립은 손바닥과 손가락 모두 사용되어야 한다.

손바닥은 손에서 가장 큰 근육이자 팔과 연결되는 근육으로
에너지를 발생시키며, 손가락은 손목과 팔의 움직임을 돕는다.
만약 세 손가락만 이용해 그립을 잡으려 한다면 파워를 발생시
키기 위해 변형된 그립을 잡기 쉽다.

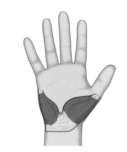

그림 57 손바닥 두툼 근육

(2) 손힘을 빠지게 하는 팔뚝(forearm)

손의 힘을 제어하는 부분은 손과 팔뚝 근육이다.

단순히 손의 힘을 빼려는 의도보다 팔뚝의 힘까지 조절해야
손의 힘을 쉽게 뺄 수 있다. 손과 손목을 가볍게 할 수 있는 방법
은 팔뚝의 힘을 빼는 것이다.

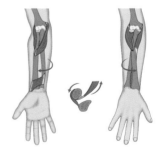

그림 58 팔뚝과 손힘의 관계

※ 그립을 잡는 세기의 정도

남자 선수의 악력은 평균 400Nm(약 40㎏)가 넘으며, 여자 프로 선수 경우 평균 300Nm(약 30㎏)가 넘는 것으로 알려져 있다. 이러한 강한 악력은 헤드 스피드 증가에 도움이 된다. 하지만 이는 그립을 잡는 세기와는 다르다. 몸의 회전력을 활용해 생성된 에너지를 공에 전달하기 위해서는 그립을 잡는 세기는 약해야 효과적이다. 스윙을 시작하는 테이크어웨이 구간에서 클럽을 잡는 힘은 자연스럽게 발생하지만, 탑스윙에서 다운스윙으로 전환되는 과정과 임팩트 존에서는 그립의 강도가 약해져야 몸의 회전력을 더욱 활용할 수 있으며 이는 헤드 스피드 증가에 도움이 된다. 정확하게는 차이가 있겠지만, 스윙 동안 동일한 악력의 강도로 잡는 연습이 필요하다. 단순히 그립을 가볍게 쥔다는 것보다 기본적으로 악력의 쓰임을 이해하고, 악력 향상을 위한 트레이닝이 필요하다.

7) 공을 바라본다

스윙에서 공을 보는 시선처리는 늘 중요하다. 왼쪽 눈으로 보라고 하기도 하고 우성의 눈으로 보거나 머리를 우측으로 기울이라고 하지만 이는 오히려 왜곡된 시각 정보를 전하거나 부자연스러운 움직임을 만들 수 있다. 우성의 눈(주시)은 공의 위치를 확인하지만 두 눈으로 함께 보아야 거리까지 정확히 인식할 수 있다. 또한 목표를 시각화할 수 있고, 적절한 손과 눈의 협응(Hand-Eye Coordination)으로 효과적인 동작을 수행할 수 있다.

머리 자세와 시선처리에 대한 중요한 요소

- 한쪽 눈이 아닌 두 눈으로 공을 바라본다.
- 턱을 너무 숙이거나 앞쪽으로 나오지 않도록 주의해야 한다.
- 공을 끝까지 바라볼 수 있다는 것은 스윙 동작에 대한 혼란이 감소했다는 것을 의미한다.

① 머리 자세와 공 바라보는 방법

(1) 바른 상체 숙임 자세를 취한다.

(2) 턱을 살짝 당긴다.

(3) 머리가 지나치게 숙여지지 않도록 주의한다.

(4) 두 눈으로 공의 위치를 확인한다.

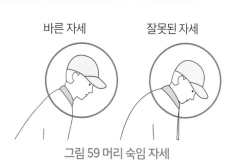

바른 자세　　잘못된 자세

그림 59 머리 숙임 자세

② 공을 효과적으로 보기 위한 자세

(1) 턱을 살짝 들고, 당겨져 있어야 한다.

(2) 힙 관절을 활용한 숙임 자세가 이뤄져야 한다.

(3) 둥근 어깨가 되지 않도록 주의해야 한다.

※ 머리 자세

머리 무게는 약 4~6㎏이다.

만약 고개를 지나치게 숙인다면 목과 어깨에 많은 부하가 발생하고 신체 자세를 변형시킨다.

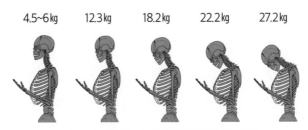

그림 60 숙인 각도에 따라 목에 가해지는 무게

※ 머리 자세가 스윙 자세에 미치는 영향

지나친 머리 숙임은 몸과 공 사이의 거리를 잘못 인식하게 하여 상체를 세우게 하거나, 미세하지만 지속적으로 호흡과 맥박에 영향을 미친다. 또 목 주변 근육과 어깨 부위의 근육을 더욱 긴장하게 하여 스윙 템포나 리듬에 영향을 미친다.

두 눈으로 공을 본다는 의미

최대의 시각정보를 얻기 위해 두 눈에서 제공하는 정보를 모두 활용해야 한다는 의미이다.

우성의 눈: 방향을 확인한다.

양쪽 눈: 거리를 확인한다.

한쪽 눈으로만 공을 보려한다면 체중 분포나 압력분포, 기울기 자세 등 여러 자세에 부정적인 영향을 순차적으로 끼칠 수 있다.

골프 스윙에서 시각의 역할

골프는 효율적이고 올바른 기술이 필수적이지만 골프 코스, 지면이나 잔디 상태, 그린의 상태, 날씨나 주변 환경, 자신이 보내고자 하는 목표와 방향 등을 정확히 파악하고 인식(Perception)하는 과정이 중요하다. 이 과정을 돕는 요인은 다음과 같다.

1) 손과 눈의 협응(Hand-Eye Coordination)
2) 시각화(Visualization)

※ 손과 눈의 협응(Hand-Eye Coordination)

손의 움직임과 눈 사이의 협응(Coordination)을 의미한다. 눈으로 공을 보고 이를 뇌가 판단하면 목표에 따라 손을 포함한 신체가 순조롭고 정확하게 그리고 편안하게 스윙하게 되는 과정을 손과 눈 사이의 협응(Coordination)이라 한다. 손과 눈의 협응은 뇌 시스템에 의해 영향을 받는다. 따라서 시각적으로 목표를 인식하는 과정과 반복 훈련을 통해 자연스러워진 신체 움직임이 필요하다.

※ 골프에서 시각화(Visualization)

시각화는 스윙 기술이라 할 수 없지만, 근육이 매끄럽게 작용하여 목표한 동작을 성공적으로 이룰 수 있게 돕는 역할을 한다. 시각화는 실제 눈앞에 존재하지 않는 상이나 움직임에 대해 생생하게 떠올리는 것으로 정의된다.

골프 경기에서 자신이 목표로 하는 곳이나 목표하는 스윙 동작을 머릿속에서 그리게(Imaging)된다. 목표에 대한 이미지가 잘 그려지게 될 때, 원하는 스윙과 성공적인 샷을 할 확률이 높다. 이를 골프 경기에서 올바른 시각화라 한다. 올바른 시각화는 불필요한 생각을 감소시키고, 스윙 동작에 대한 자신감을 높이며 부정적인 생각을 감소하게 한다.

※ 골프 경기에서 시각화(Visualization)의 효과

이론의 의미 **(Principles &** **Science)**	시각화는 뇌의 시스템과 근육의 연합 작용을 설명함 뇌는 근육으로 명령을 전달하여 동작을 수행하게 되는데, 시각화는 복잡한 동작을 완성하는 데 매우 중요한 역할을 함 우리의 뇌는 실제 동작과 머릿속으로 떠올리는 이미지를 구별하지 못하기 때문에 시각화 훈련이 필요함	
골프에서 **시각화 방법** **(External vs** **Internal)**	외적(External)	내적(Internal)
	공을 칠 때 신체 동작이 아닌 외부(목표, 공, 공의 궤적, 클럽 등)에 생각을 집중	공을 칠 때 신체 움직임(동작)에 생각을 집중
	초급자일수록 시각화가 쉽게 이뤄지지 않으며, 상급자가 될수록 목표(타겟), 날아갈 공의 궤적, 클럽 등의 외적(External) 시각화가 발생할 때 경기력에 도움이 됨(이는 기술 수준과 상태에 따라 차이가 있음)	
시각화의 효과	1. 동작을 수행하는 데 필요한 근육을 자극 2. 자신감을 위해 마음과 근육을 미리 프로그래밍함 3. 긴장을 조절하고 몸과 마음을 안정되게 이완함 4. 부정적인 결과에서 긍정적인 결과로 재구성함 5. 스윙 변화에 도움을 줌 6. 부상 예방에 도움을 줌 7. 집중을 향상시킴	

어드레스 자세에서 체크 포인트

1) 정면

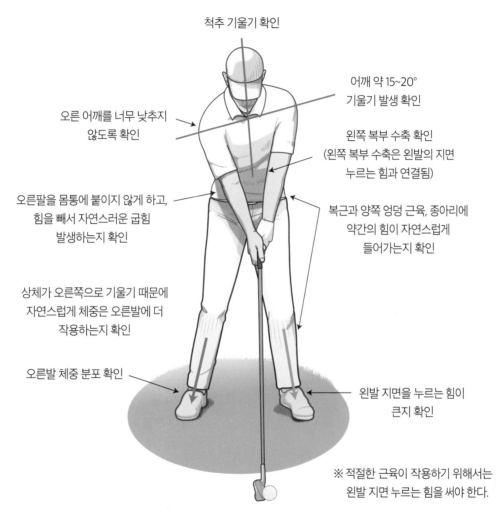

척추 기울기 확인

어깨 약 15~20°
기울기 발생 확인

오른 어깨를 너무 낮추지
않도록 확인

왼쪽 복부 수축 확인
(왼쪽 복부 수축은 왼발의 지면
누르는 힘과 연결됨)

오른팔을 몸통에 붙이지 않게 하고,
힘을 빼서 자연스러운 굽힘
발생하는지 확인

복근과 양쪽 엉덩 근육, 종아리에
약간의 힘이 자연스럽게
들어가는지 확인

상체가 오른쪽으로 기울기 때문에
자연스럽게 체중은 오른발에 더
작용하는지 확인

오른발 체중 분포 확인

왼발 지면을 누르는 힘이
큰지 확인

※ 적절한 근육이 작용하기 위해서는
왼발 지면 누르는 힘을 써야 한다.

그림 61 어드레스 자세 체크 포인트, 정면

※ 하체 힘을 사용할수록 상체의 힘은 자연스럽게 조절할 수 있게 된다. 스윙에서 단순히 힘을 빼려는 시도보다 신체의 연결 연쇄 작용 시스템을 잘 활용하는 것이 필요하다.

2) 측면

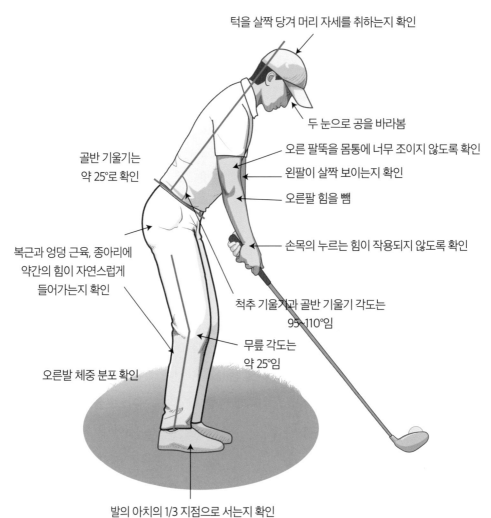

턱을 살짝 당겨 머리 자세를 취하는지 확인

두 눈으로 공을 바라봄

오른 팔뚝을 몸통에 너무 조이지 않도록 확인

왼팔이 살짝 보이는지 확인

오른팔 힘을 뺌

골반 기울기는
약 25°로 확인

손목의 누르는 힘이 작용되지 않도록 확인

복근과 엉덩 근육, 종아리에
약간의 힘이 자연스럽게
들어가는지 확인

척추 기울기과 골반 기울기 각도는
95~110°임

무릎 각도는
약 25°임

오른발 체중 분포 확인

발의 아치의 1/3 지점으로 서는지 확인

그림 62 어드레스 자세 체크 포인트, 측면

백스윙

백스윙은 움직임이 시작되는 구간이자 다운스윙으로 전환하기 전까지 에너지를 만들고 축적하는 과정이다. 백스윙 동안 회전축을 중심으로 효율적으로 비틀림 힘을 만들고, 전신의 균형과 손과 팔을 비롯한 신체의 움직임이 조화를 이뤄야 효율적인 스윙을 수행할 수 있다.

스윙의 전 과정에서 백스윙은 상대적으로 천천히 움직이면서 여러 신체 부위가 동시에 움직이기 때문에 움직임의 순서를 정의하는 것은 의미가 없다. 하지만 비틀림 힘에는 단계적인 작용이 있어 백스윙에서 언제 어떻게 에너지를 만들고, 어떤 작용으로 에너지를 응축하게 되는지 그 과정을 살펴보고자 한다.

백스윙 동작 핵심 과정과 신체 움직임 시스템

테이크어웨이

일반적으로 클럽이 지면과 평행을 이루는 동안까지를 테이크어웨이 구간이라 한다. 에너지 생성의 시작 구간이자 임팩트 정타(정확한 타점)에 영향을 주는 구간이기도 하다.

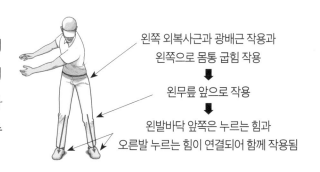

왼쪽 외복사근과 광배근 작용과
왼쪽으로 몸통 굽힘 작용
↓
왼무릎 앞으로 작용
↓
왼발바닥 앞쪽은 누르는 힘과
오른발 누르는 힘이 연결되어 함께 작용됨

미드백스윙

미드백스윙 구간은 클럽 그립 끝이 지면을 향하는 구간이다. 미드백스윙은 에너지 생성과 축적을 극대화하는 매우 중요한 과정으로, 파워와 관련된다.

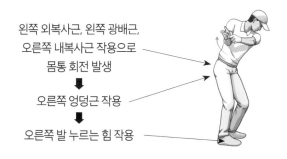

왼쪽 외복사근, 왼쪽 광배근,
오른쪽 내복사근 작용으로
몸통 회전 발생
↓
오른쪽 엉덩근 작용
↓
오른쪽 발 누르는 힘 작용

탑스윙

탑스윙은 백스윙의 마지막 부분이자 그립 끝이 타겟의 반대 방향으로 향하는 순간이다.

탑스윙은 테이크어웨이, 미드백스윙에서 생성하고 축적해 온 에너지를 다운스윙 방향으로 전환시키는 구간으로서 에너지 손실을 최소화하기 위해 균형을 이루는 것이 중요하다.

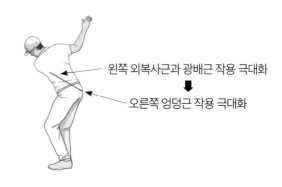

왼쪽 외복사근과 광배근 작용 극대화

오른쪽 엉덩근 작용 극대화

스윙의 시작, 테이크어웨이 동작

테이크어웨이는 스윙의 시작이지만, 단순하게 어드레스라는 정적인 상태에서 스윙을 시작하는 동작으로 이해해서는 안 된다. 시작이 반이라는 말이 있듯 골프 스윙에서 테이크어웨이는 중요한 구간이다. 테이크어웨이는 에너지 효율성과 임팩트 정타와 관계를 이루며, 스윙의 리듬과 템포에도 절대적인 영향을 미친다. 적절한 리듬과 템포 그리고 각 신체 분절들의 움직임 타이밍이 맞아떨어질 때 공은 더 멀리, 더 정확하게 보낼 수 있다.

본 내용에서는 동작에 대한 묘사가 아닌 근육 작용에 근거하여 각 신체 분절들이 어떻게 하나의 움직임으로 테이크어웨이가 이뤄지는지 설명해 보고자 한다.

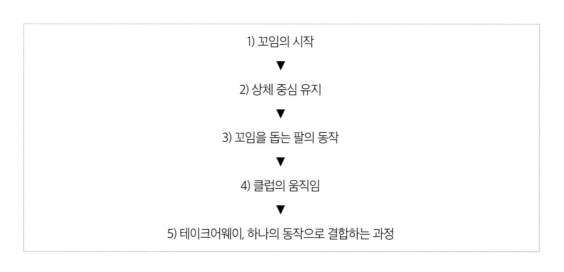

1) 꼬임의 시작

▼

2) 상체 중심 유지

▼

3) 꼬임을 돕는 팔의 동작

▼

4) 클럽의 움직임

▼

5) 테이크어웨이, 하나의 동작으로 결합하는 과정

1) 꼬임의 시작

① 복부(Abdominal Core) 작용을 준비한다

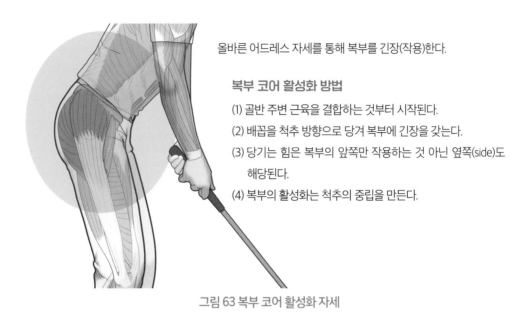

올바른 어드레스 자세를 통해 복부를 긴장(작용)한다.

복부 코어 활성화 방법

(1) 골반 주변 근육을 결합하는 것부터 시작된다.

(2) 배꼽을 척추 방향으로 당겨 복부에 긴장을 갖는다.

(3) 당기는 힘은 복부의 앞쪽만 작용하는 것 아닌 옆쪽(side)도 해당된다.

(4) 복부의 활성화는 척추의 중립을 만든다.

그림 63 복부 코어 활성화 자세

※ 복근의 활성화는 척추 중립 자세를 취하게 하여 상체(Upper back)가 굽혀지는 현상이나 골반이 한쪽으로 기우는 자세를 예방한다.

※ 코어를 활성화하면 자연스럽게 꼬리뼈는 바닥을 향하게 된다. 골반이 물을 담는 그릇이라면 물이 앞이나 뒤로 쏟아지지 않는 상태라 상상해 본다면 자세를 취하는 데 도움이 된다.

※ 스윙에 필요한 복부 코어의 작용은 어드레스 자세에서부터 시작하며, 테이크어웨이 동안에 더욱 적극 작용한다.

② 왼쪽의 복부 작용과 왼쪽 지면을 누르는 힘이 작용한다

왼쪽 복부의 측면(Left Oblique)을 활용해 왼발로 지면을 누른다. 이러한 작용은 왼쪽 무릎이 앞쪽 방향으로 움직이게 한다.

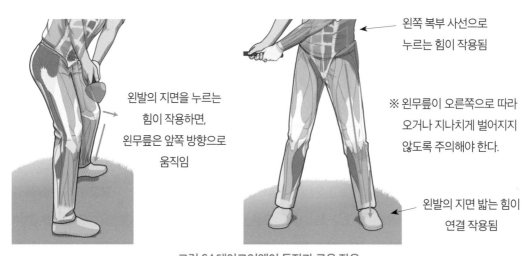

왼발의 지면을 누르는
힘이 작용하면,
왼무릎은 앞쪽 방향으로
움직임

왼쪽 복부 사선으로
누르는 힘이 작용됨

※ 왼무릎이 오른쪽으로 따라
오거나 지나치게 벌어지지
않도록 주의해야 한다.

왼발의 지면 밟는 힘이
연결 작용됨

그림 64 테이크어웨이 동작과 근육 작용

③ 오른 복부 작용으로 몸통은 회전한다

오른쪽 복부 측면을 활용해 몸통을 회전한다. 오른 복부의 작용은 오른 다리(대퇴)와 엉덩 근육
이 함께 작용하게 하여 오른발 안쪽 전체의 지면 누르는(비틀림 형태) 힘으로 연결된다.

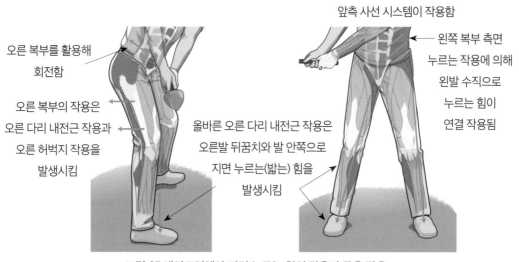

오른 복부를 활용해
회전함

오른 복부의 작용은
오른 다리 내전 작용과
오른 허벅지 작용을
발생시킴

올바른 오른 다리 내전근 작용은
오른발 뒤꿈치와 발 안쪽으로
지면 누르는(밟는) 힘을
발생시킴

앞측 사선 시스템이 작용함

왼쪽 복부 측면
누르는 작용에 의해
왼발 수직으로
누르는 힘이
연결 작용됨

그림 65 테이크어웨이 지면 누르는 힘의 작용과 근육 작용

왼쪽 복부 측면에서 오른발 지면 누르는 힘의 작용은 앞측 사선 시스템의 작용과 몸의 회전 그리
고 비틀림 힘을 생성하게 한다.

팔동작을 제외하고 회전축을 중심으로 몸통 회전을 수행해 보면 올바른 몸통 회전과 비틀림을 느낄 수 있다.

이때 강한 근육 수축은 아니다.

그림 66 테이크어웨이 근육 작용

2) 상체 중심 유지

상체(Trunk) 중심이 최대한 우측으로 이동하지 않도록 유지하며 회전한다

테이크어웨이 구간에서 상체와 골반 중심이 백스윙 회전 방향으로 따라가지 않도록 유지하려는 의지와 작용이 필요하다.

상체 중심을 잡은 상태에서 회전해야 복부 근육 작용부터 지면을 누르는 하체 근육 연결 시스템이 자연스럽게 작용할 수 있다.

효과적인 자세   잘못된 자세

 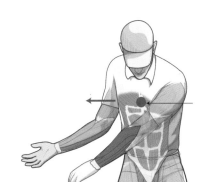

상체 중심을 유지하며 회전됨   상체 중심이 우측으로 밀리며 회전됨

그림 67 몸통 중심 위치와 회전

테이크어웨이 동작에서 상체 중심이 백스윙 회전 방향으로 밀리게 되면, 몸통의 회전은 감소하게 되어 스윙에 필요한 복부 작용과 누르는 힘 등의 연결 연쇄 작용(Chain Reaction)이 제한된다.

※ 연결되어 작용하는 연결 연쇄 작용(Chain Reaction)이란?

동작을 일으키는 시작 근육이 있다면, 강하게 작용하는 근육이 있듯 우리 근육은 하나의 단위로 작용하지 않는다. 의식적으로 사용해야 하는 근육이 있다면 이를 돕는 근육과 자연스럽게 연결되어 작용하는 근육도 있다. 엉덩 근육은 스윙에서 파워를 담당하는 근육으로 스윙 동안 강하게 작용하는 근육으로 엉덩 근육의 움직임이 언급될 수 있다. 하지만 엉덩 근육은 순간 갑작스럽게 작용할 수 있는 부위가 아니며, 부분적으로 움직이지도 않는다. 따라서 효과적이고 강하게 엉덩 근육이 작용하기 위해서는 복부 근육과 지면을 누르는 힘이 함께 발생해야 하며, 이때 연결 연쇄 작용은 엉덩 근육, 복부 근육, 골반 주변근 및 다리 근육(왼쪽은 허벅지, 오른쪽은 종아리, 발바닥)까지 연결되면서 필요한 몸의 움직임과 에너지를 발생시킨다.

몸통 회전 연습방법

연습 방법

복부 동작과 지면을 누르는 작용에 대한 이미지가 필요하다.

1. 팔과 손을 뒤로 한다.
2. 왼 복부와 왼 다리의 힘으로 지면을 누른다.
3. 오른 복부를 이용해 몸을 회전하면서 오른발 안쪽으로 지면 누르는 힘을 느낀다.
4. 상체 중심이 우측으로 이동되지 않도록 주의한다.

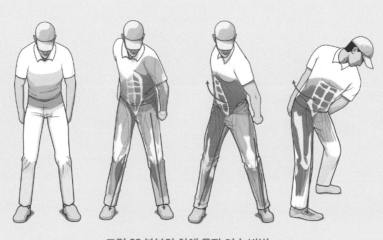

그림 68 복부와 하체 동작 연습 방법

3) 꼬임을 돕는 팔동작

① 스윙에서 손과 팔의 움직임

어떻게 움직이는지에 따라 몸통의 회전을 돕거나 방해할 수 있다.

테이크어웨이 동안 왼손과 팔은 아래 팔뚝 파트 즉, 새끼손가락부터 팔꿈치까지 연결되는 부위 (Ulnar Side)를 활용해 과한 엎침(Pronation)이 발생하지 않도록 해야 하며, 오른손과 팔은 테이크어웨이 동안 최대한 뒤침(Supination)하지 않는 것이 몸통 꼬임에 도움이 된다.

※ 테이크어웨이 동작에서 팔과 손이 손바닥 앞뒤 방향의 엎침 또는 뒤침이 과도하게 발생하게 되면 몸통 회전은 제한되며 이를 보상하기 위해 미는 동작(Swaying) 등이 발생할 수 있다.

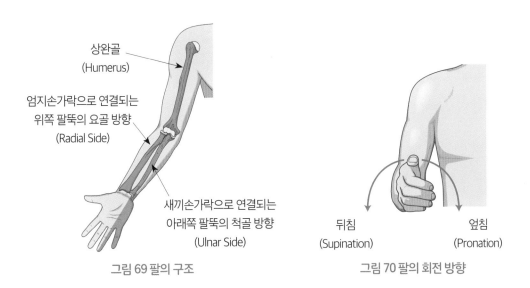

그림 69 팔의 구조   그림 70 팔의 회전 방향

(1) 오른손 동작

오른손은 테이크어웨이 동작이 끝났을 시 손바닥이 약 45° 바닥을 향한다. 테이크어웨이 동작에서 오른 팔꿈치는 점진적으로 굽혀지지만, 옆구리에 붙지 않도록 몸통과의 거리를 유지한다.

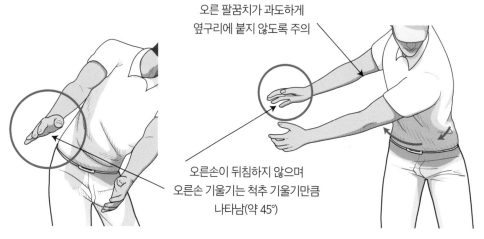

오른 팔꿈치가 과도하게
옆구리에 붙지 않도록 주의

오른손이 뒤침하지 않으며
오른손 기울기는 척추 기울기만큼
나타남(약 45°)

그림 71 테이크어웨이에서 오른손 동작

(2) 왼손 동작

몸이 회전할 때 왼손 손바닥은 오른손 손바닥과 마주하며, 몸통으로 가까워지지 않도록 한다. 만약 오른손과 팔이 뒤침하거나 몸통과 가까워진다면 왼손 움직임도 영향을 받는다.

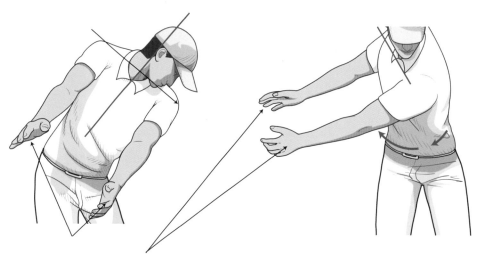

테이크어웨이 동안 왼손은 오른손과 마주함
손과 몸통과의 거리가 가까워지지 않도록 유지

※ 테이크어웨이가 끝나는 시점까지 양손이 올바르게 움직일
경우, 왼쪽 어깨 높이는 자연스럽게 낮아진다.

그림 72 테이크어웨이 왼손 동작

※ 올바른 손동작이 발생하면 클럽 헤드 페이스도 척추 기울기만큼 바닥을 향한다.
클럽 헤드 페이스는 손 움직임에 의해 영향을 받기 때문에 헤드 페이스를 조절하는 것보다 손 움직임을 우선으로 살펴보는 것이 중요하다.

그림 73 테이크어웨이 구간 헤드 방향

※ 스윙에서 어깨 움직임에 대한 올바른 이해

어깨 움직임

어깨는 신체 부위에서 가장 가동범위가 넓고 자유로운 부위지만 불안정성이 높은 관절이다. 이에 어깨 관절은 등쪽에 부착된 견갑골과 그 주변 근육들에 의해 다양한 각도로 움직이며, 견갑골은 어깨 관절의 안정성도 돕는다.

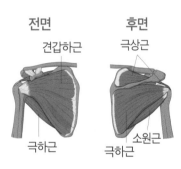

전면   후면

견갑하근   극상근

극하근   소원근   극하근

그림 74 어깨 관절과 견갑골 주변 근육

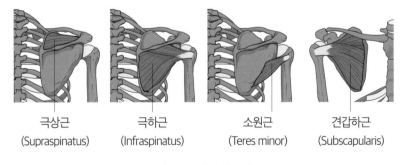

극상근	극하근	소원근	견갑하근
(Supraspinatus)	(Infraspinatus)	(Teres minor)	(Subscapularis)

그림 75 어깨 회전근개

※ 백스윙에서 상체의 안정성을 돕는 회전근개, 능형근, 앞톱니근의 역할과 기능

어깨는 견갑골에 부착된 극상근, 극하근, 소원근, 견갑하근 4개의 근육(회전근개)들에 의해 자유롭고, 안정적으로 움직인다. 스윙에서 견갑골은 팔 움직임과 몸 회전 시 상체의 안정성에 영향을 주며, 주로 소원근과 견갑하근이 중점적으로 작용한다.

백스윙에서

1. **견갑하근(Subscapularis)**은 팔의 내회전(Internal rotation)과 내전(Adduction)을 가능하게 하며, 팔을 들어 올리는 동작과 팔을 앞쪽과 아래쪽 방향으로 끌어당기는 기능을 한다.
2. **소원근(Teres minor)**은 견갑골과 팔을 연결하는 근육으로 팔을 움직일 때 어깨 관절을 안정화시키며, 외측 회전(Lateral rotation)을 가능하게 한다. 이러한 기능은 백스윙이나 다운스윙에서 주로 작용한다. 또한 견갑골 뒤쪽의 극하근과 함께 부착되어 있어 외측 회전을 가능하게 한다. 소원근의 통증은 팔이 과하게 사용되었을 때 나타나며, 극하근과 소원근의 불균형은 백스윙에서 상체 균형에 부정적 영향을 미칠 수 있어 견갑골 주변 근육의 기능을 중요하게 인식할 필요가 있다.

※ 견갑골의 부정렬

견갑골의 약화를 뜻하는 부정렬은 3가지 문제를 일으킨다.

어깨 회전근개 구조물에 비정상적인 스트레스가 가해지면, 회전근개 근육에 압박이 높아져 어깨 관절의 신경 및 기능을 저하시킨다. 이는 어깨 움직임을 제한하고, 전반적인 상체 움직임을 부자연스럽게 할 수 있다. 견갑골과 주변 근육들이 균형을 이루고 정상적인 정렬 상태를 유지하는 노력이 어깨 부상이나 기능 약화를 예방할 수 있다.

※ 테이크어웨이 시 팔동작과 견갑골(Scapular) 움직임의 관계

올바른 동작

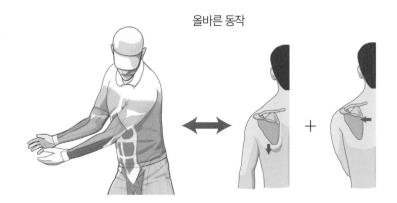

테이크어웨이에 올바른 손, 팔, 몸동작 시 왼쪽 견갑골은 어깨 모으기 자세 및 약간의 내림 자세가 발생해야 하지만, 오른쪽 견갑골은 큰 움직임이 발생하지 않는다.

이는 상체의 안정성이 확보되어 몸통 회전을 극대화하고, 불필요한 상체 힘을 조절하게 한다.

비효율적인 동작

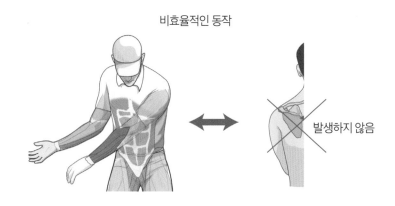

만약 오른손의 뒤침과 왼손의 엎침의 자세가 과도하게 나타나게 되면 왼쪽 견갑골의 어깨 모으기 자세가 발생하지 않아 복부 작용을 감소시킨다. 이는 몸통 회전을 방해해 팔을 들어 올리는 듯한 백스윙 동작을 유발할 수 있다.

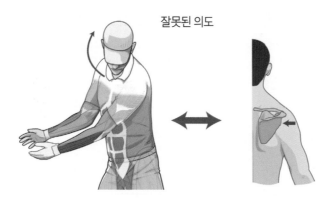

잘못된 의도

오른쪽 어깨를 뒤로 빼며 테이크어웨이 동작을 수행하게 되면, 오른쪽 어깨펴기(Retraction) 자세로 인해 오른 어깨와 팔에 불필요한 힘이 발생하여 몸통의 회전을 방해하게 된다.

몸통 꼬임 동작과 팔동작 결합 연습방법

몸통 꼬임과 팔동작 결합 연습

1. 왼쪽 복부와 왼발을 이용해 지면을 누른다.

2. 상체 중심이 우측으로 이동하지 않도록 유지한다.

3. 양손은 회전하지 않고, 팔이 굽혀지지 않도록 하여 테이크어웨이 동작을 시행한다.

4. 이때 오른발 지면 누르는 힘까지 자연스럽게 연결되어야 한다.

몸통 중심
위치 유지

그림 76 팔과 몸통 움직임의 결합 연습 방법

오른손이 왼손보다 위쪽에 위치하는 것을 확인해야 한다.

팔을 뻗기 위해 처음에는 힘이 들어갈 수 있지만, 점진적으로 팔의 힘은 최소화되어야 한다.

② 테이크어웨이 시 양손의 궤도

※ 테이크어웨이 동안 오른팔이 겨드랑이와
　옆구리 몸통을 조이지 않도록 한다.
　양팔과 몸통은 하나의 움직임처럼 통으
　로 움직이며 몸과 손의 간격이 유지된다.

그림 77 테이크어웨이의 궤도에 대한 이해

복부와 양팔 움직임을 살펴보면 팔은 몸통의 회전 방향을 따르지만, 몸과 팔 사이의 공간이 적절하게 유지되어야 한다. 오른팔이 접히면서 팔꿈치가 몸통에 지나치게 붙거나, 손이 궤도를 이탈하는 동작을 주의해야 한다.

양팔과 몸통이 통으로 움직이지 않아 발생한 부적절한 손의 궤도

그림 78 테이크어웨이 궤도 이탈 형태 1

오른 팔꿈치가 몸통에 붙음

그림 79 테이크어웨이 궤도 이탈 형태 2

양손 동작 연습 방법

왼팔 아래 팔뚝 사용 연습 방법(Cross Hand Drill)

양팔 작용과 몸통의 회전을 이해하며 연습하는 것이 중요하다.

1. 그립을 쥔 듯한 자세로, 왼손은 아래, 오른손은 위쪽에 위치하여 양손을 크로스시킨 후 오른손의 3~5번째 손가락으로 왼손의 3~5번째 손가락 부분을 민다.
2. 앞서 시행된 몸통 회전 움직임과 함께 움직인다.
3. 양손이 최대한 멀어지듯 움직인다.
4. 양손은 회전하지 않으며 팔과 몸통 사이의 공간이 확보되는 것을 인식한다.

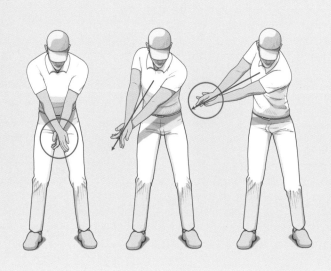

그림 80 크로스 핸드 연습 방법(Cross Hand Drill)

4) 클럽의 움직임

테이크어웨이 동작에서 몸의 움직임이 가장 중요하지만, 클럽 움직임에 대한 이해도 필요하다.

① 클럽 헤드는 직선 또는 인사이드(Inside)로 움직인다는 의미

클럽 헤드가 인사이드로 움직인다는 것은 타겟 선(Target line)을 기준으로 표현된 것이다. 테이크어웨이에서 클럽 헤드는 직선으로 낮고 길게 움직여야 한다고 하지만 이는 동작을 왜곡시킬 수 있다.

실제 클럽 헤드의 움직임 방향은 회전축을 중심으로 궤도를 그리는 것으로, 직선 또는 인사이드라 표현할 수 없다.

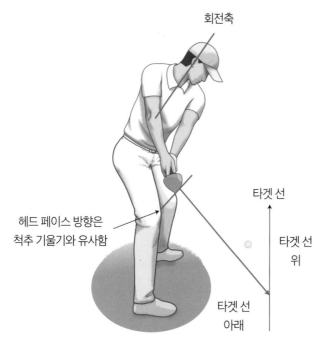

※ 실제적 스윙 플레인과 테이크어웨이 클럽 헤드의 궤도는 머리 위쪽에서 바라보았을 때는 타겟 선보다 아래쪽으로 움직이는 것이 맞지만 측면에서 스윙을 볼 때는 실제적 스윙 플레인을 따른다.

※ 테이크어웨이에서 팔로스루 구간까지는 평면의 플레인을 따라야 에너지 효율성 및 임팩트 정확성을 높일 수 있다. 테이크어웨이 동작에서 클럽 헤드의 궤도는 직선이 아닌 몸의 회전 방향으로 움직일 때, 실제적 플레인 궤도를 따를 수 있다.

그림 81 테이크어웨이에서 실제적 스윙 플레인과 클럽 헤드 궤도

헤드 궤도는 회전축을 중심으로 움직이면서 실제적 스윙 플레인을 따르지만, 이때 클럽의 헤드 페이스는 타겟 선 쪽을 향한다. 클럽 헤드 페이스 방향은 척추각의 기울기와 유사하다. 따라서 클럽 헤드가 열리거나 닫힌다는 단순한 형태의 움직임을 클럽 헤드의 궤도로 이해해서는 안 된다.

② 올바른 헤드 궤도와 페이스 방향을 이루게 될 때의 효과

(1) 올바른 회전과 꼬임을 만든다. (2) 스윙 균형을 이루게 한다. (3) 올바른 척추 기울기를 이루게 한다. (4) 손 사용을 낮춘다. (5) 적절한 클럽 헤드 페이스 모양을 이루게 한다.

※ 잘못된 헤드 궤도와 헤드 페이스 움직임 형태

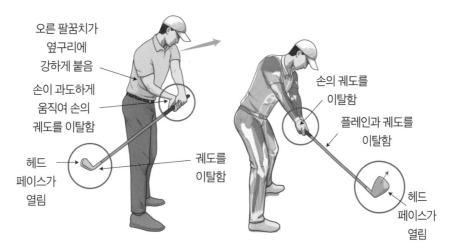

오른 팔꿈치가
옆구리에
강하게 붙음

손이 과도하게
움직여 손의
궤도를 이탈함

헤드
페이스가
열림

궤도를
이탈함

손의 궤도를
이탈함

플레인과 궤도를
이탈함

헤드
페이스가
열림

그림 82 두 가지 형태의 잘못된 테이크어웨이 클럽 헤드 궤도 및 페이스 움직임

클럽 헤드 페이스 움직임과 헤드 궤도를 혼동해선 안 된다. 혼동하게 되면 테이크어웨이 동작에서 실제적 플레인 구간을 벗어나는 원인이 된다. 헤드의 궤도는 몸 회전으로 발생하며, 헤드 페이스 움직임은 손과 팔 움직임에 의해 발생하는 것으로 신체의 움직임이 아닌 클럽 헤드를 조절하려는 시도는 지속성이 떨어진다.

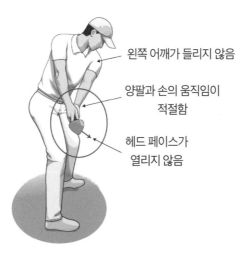

왼쪽 어깨가 들리지 않음

양팔과 손의 움직임이
적절함

헤드 페이스가
열리지 않음

그림 83 올바른 클럽 헤드 페이스 움직임과 동작

5) 테이크어웨이, 하나의 동작으로 결합하는 과정

테이크어웨이 동작이 하나의 움직임 형태로 수행되기 위해서는 복부 코어와 하체가 작용 되고, 손과 클럽은 몸 움직임 방향을 따라 움직여야 한다.

몸과 팔동작과 클럽을 결합한 연습 방법

결합 연습

1. 왼쪽 복부와 왼발을 이용해 지면을 누른다.

2. 상체 중심이 우측으로 이동하지 않도록 중심을 잡는다.

3. 몸통을 회전한다.

4. 헤드 끝이 몸통에서 멀어진다는 생각으로 움직인다.

5. 오른 팔꿈치가 오른 복부를 조이거나 붙지 않도록 주의한다.

6. 오른 다리까지 누르는 힘이 느껴지도록 한다.

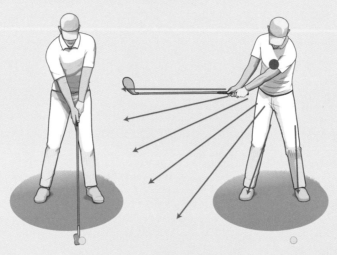

그림 84 몸과 팔 결합 연습 과정

테이크어웨이 자세에서 체크 포인트

1) 정면

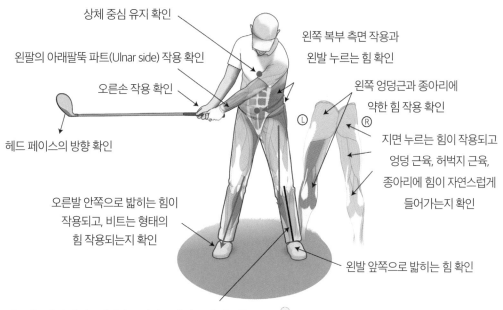

상체 중심 유지 확인

왼팔의 아래팔뚝 파트(Ulnar side) 작용 확인

오른손 작용 확인

헤드 페이스의 방향 확인

왼쪽 복부 측면 작용과
왼발 누르는 힘 확인

왼쪽 엉덩근과 종아리에
약한 힘 작용 확인

지면 누르는 힘이 작용되고
엉덩 근육, 허벅지 근육,
종아리에 힘이 자연스럽게
들어가는지 확인

오른발 안쪽으로 밟히는 힘이
작용되고, 비트는 형태의
힘 작용되는지 확인

왼발 앞쪽으로 밟히는 힘 확인

어드레스에서 테이크어웨이 동작이 수행될 동안 왼무릎부
터 발목까지의 기울기 각도가 약 5~10° 범위를 벗어나지
않도록 확인

※ 왼무릎이 오른무릎 방향으로 지나치게 따라오거나 반
　대로 벌어지지 않도록 주의 필요

그림 85 테이크어웨이 자세 체크 포인트, 정면

2) 측면

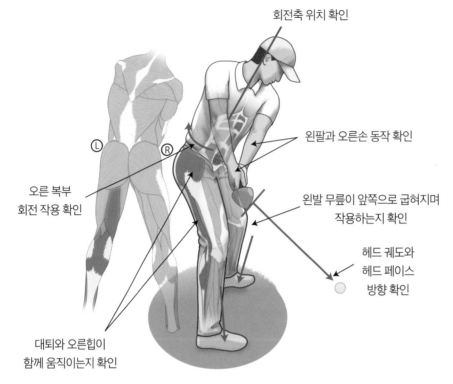

회전축 위치 확인

왼팔과 오른손 동작 확인

왼발 무릎이 앞쪽으로 굽혀지며
작용하는지 확인

헤드 궤도와
헤드 페이스
방향 확인

오른 복부
회전 작용 확인

대퇴와 오른힙이
함께 움직이는지 확인

그림 86 테이크어웨이 자세 체크 포인트, 측면

※ 왼발과 오른발이 효과적으로 지면을 밟을수록 비트는 힘과 교차하는 힘을 최대로 사용할 수
있다.

테이크어웨이 구간에 대한 그 밖의 이야기

1) 테이크어웨이 궤도 변화의 요인

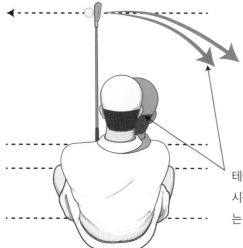

※ 리듬이 중요하다.
잘못 시작된 테이크어웨이는 스윙의 리듬과 템포를 급하게 한다.
손이나 팔 또는 상체 위주로 스윙을 할 때 나타날 수 있다. 리듬은 전체 스윙에 영향을 미치기 때문에 테이크어웨이 과정에서 리듬이 급해지지 않도록 주의해야 한다.

테이크어웨이에서 몸의 중심이 우측으로 밀리면서 시작하게 되면, 머리도 우측으로 움직이게 되고, 이는 클럽 궤도에도 영향을 미치게 됨

2) 어깨와 손힘 빼기에 대한 주의점

손힘을 빼는 것이 스윙 동작에 이롭다고 알려져 있다. 손힘은 테이크어웨이 동작에서부터 조절되어야 한다. 하지만 손힘을 빼려 할 때 전신의 힘을 모두 빼는 경우가 있다. 손힘을 빼는 것과 힘의 생성을 혼동해서는 안 된다. 복부 근육과 엉덩근을 포함한 하체 근육, 적절한 팔뚝 근육의 힘이 작용해야 불필요한 손과 어깨 힘을 빼는 데 더욱 도움이 된다.

3) 테이크어웨이 구간의 동작 vs 느낌 vs 현상
① 느낌에 대한 해석

테이크어웨이는 복부 근육으로 시작된다. 하지만 복부의 작용을 느끼는 것은 쉽지 않다. 이에 백스윙을 (1) 골반이나 엉덩이로 회전한다. (2) 왼쪽 어깨로 회전하거나 오른쪽 어깨를 뒤로 빼며 회전한다. (3) 몸의 중심축을 중심으로 원통 속에서 회전하는 느낌이나 이미지를 갖는 것은 동작을 왜곡하거나 잘못된 정보를 재생산하게 한다. 복부 작용을 느끼기 위해서는 복부 작용을 연결시키는 동작을 알고 이에 대한 이미지와 적절한 느낌을 알아야 한다.

② 골반, 엉덩이(힙) 회전의 부정적 효과

엉덩이는 하체의 안정성을 유지하며 다리 근육과 연결된다. 골반은 엉덩이와 겹치는 부분으로 척추와 연결된 뼈대를 의미한다. 이에 단순히 골반이나 엉덩이를 움직이려 한다면 골반을 둘러싸는 위, 아래 근육들과 다리로 연결되는 근육들이 모두 작용하게 되어 불필요한 움직임이 발생할 수 있다. 이는 하체의 안정성과 척추의 안정성을 떨어트려 스윙에 필요한 회전을 방해하거나 역피봇 (Reverse Pivot)을 발생시키는 요인이 되기도 한다.

③ 어깨 회전이 스윙에 미치는 영향

어깨 관절은 우리 신체에서 가장 움직임 범위가 넓고 자유로운 관절이다. 어깨 관절을 표현할 때, 마치 골프 티(tee) 위에 놓여 있는 공과 같다고 설명하는데, 이는 자유롭지만 불안정성이 높다는 것을 의미한다. 이에 어깨 관절은 견갑골(Scapular)과 함께 움직여 어깨 관절 및 상체 움직임의 안정성을 높인다. 만약 백스윙 시 몸통에 의한 회전이 아닌 오른쪽 어깨를 뒤로 빼려 하거나 왼쪽 어깨나 팔을 밀려는 움직임을 의도한다면 상체 움직임의 안정성이 떨어져 어깨와 상체에 과한 힘이 작용할 수 있다.

④ 중심축을 중심으로 한 회전이 스윙에 미치는 영향

서 있을 때 우리 신체의 무게중심은 배꼽 위치에서 몸의 안쪽 즉, 골반 중심 쪽에 위치한다. 어드레스를 취하면 신체의 무게중심은 서 있을 때보다 배꼽의 아래쪽과 골반 중심보다 앞쪽으로 이동하게 된다. 몸의 중심은 광범위한 코어(복부, 엉덩근, 허벅지를 포함된 범위)에 의해 이동되거나 유지될 수 있는데, 광범위한 코어의 움직임이 아닌 중심축을 기준으로 몸을 회전시키려 한다면 오히려 무게중심이 앞, 뒤, 좌, 우로 움직일 확률이 높고 필요한 근육 작용이 발생하지 않아 파워가 떨어질 수 있다('올바른 회전으로 발생하는 무게중심 이동' 참고).

4) 테이크어웨이 동작에서 발생하는 비효율적 현상
① 무게중심 이동에 대한 올바른 이해

백스윙에서 체중이동 즉, 무게중심 이동이 이뤄져야 한다고 설명된다. 하지만 테이크어웨이 동작에서 무게를 이동시키려 하거나 헤드를 낮고 길게 또는 직선으로 30㎝ 정도 빼려 한다면 무게중심은 유지되지 못하고, 필요 이상으로 움직이게 된다.

무게중심 이동은 몸통의 회전으로도 발생하는데, 만약 회전 없이 이동을 목적하게 되면 오히려 몸의 꼬임과 비틀림 힘은 방해된다. 따라서 무게를 싣기 위한 의도적인 동작은 지양해야 하며, 효과적인 무게중심 이동은 사선 시스템에 의해 올바른 회전이 이뤄질 때이다.

무게중심
회전 작용 확인

그림 87 무게중심 위치와 몸통의 꼬임

② 밀리는 힘(Swaying)의 발생

스윙 시작 단계에서 미는 동작(Swaying)은 주의해야 한다. 밀리는 듯한 동작은 다음과 같은 부정적 효과를 일으킨다.

(1) 과한 무게중심의 이동으로 에너지 효율이 떨어짐

(2) 스윙의 타이밍을 방해함

(3) 임팩트 정확성을 떨어트림

(4) 근육 연쇄 작용 방해

미는 힘

그림 88 스웨이 동작

③ 밀리는 동작이 발생하는 이유

신체의 자연스러운 움직임이 원인이 되기도 하는데, 회전과 비트는 힘을 활용하기보다 다음과 같은 목적으로 움직이려 할 때 발생한다.

(1) 왼팔의 잘못된 작용과 왼쪽 어깨로 미는 동작 수행 시

(2) 백스윙을 똑바로 길게 보내려는 동작 수행 시

(3) 무게를 의식적으로 이동시키려는 동작 수행 시

이러한 목적의 동작을 한다면, 우리 신체의 무게중심은 본능적으로 이동하게 된다. 신체는 안

정성을 확보하는 것이 본능이지만 골프 스윙에서 무게중심의 과한 이동은 스윙의 효율을 떨어트린다.

파워 있고 효율적인 스윙 동작을 수행하기 위해서는 백스윙 동작에서 단순히 미는 힘을 유의하라고 하기보다 근육의 효과적인 작용을 이해하고, 활용하는 것이 중요하다.

5) 코킹(cocking)시점에 대한 이해

테이크어웨이 설명 시 코킹에 관한 내용이 포함된다. 하지만 최근 들어 코킹은 의식적 꺾임 동작 또는 특별한 코킹 시점이 존재하는 게 아니라 관성과 속도 그리고 올바른 몸통과 하체 및 몸의 회전과 손목의 힘 조절에 의해 자연스럽게 발생하는 현상이다.

과거에 추천된 코킹 동작은 얼리코킹(미리 손목 꺾임)으로, 손목 각을 이룬 후 몸을 회전하는 것이었지만 이 동작은 근육의 연결성을 저해하고 신체를 따로 움직이게 하는 매우 큰 단점이 있다.

6) 손목 힌지(코킹)에 대한 올바른 이해

- 손의 모양과 위치는 신체 조건에 따라 다르게 보일 수 있다.
- 의식적으로 꺾는 동작이 아니다.
- 신체 동작 및 관성과 속도에 의해 자연스럽게 발생하는 현상이다.

미드백스윙 동작

백스윙에서 미드백스윙은 몸의 회전이 극대화되는 과정이다. 신체 근육 작용에 근거하여 미드백스윙 동작을 설명해 보고자 한다.

1) 회전의 극대화

▼

2) 손목 힘 조절

▼

3) 미드백스윙, 하나의 동작으로 발현되는 과정

1) 회전의 극대화

① 오른쪽 측면 복부를 이용해 회전한다

테이크어웨이 동작에 이어 오른쪽 측면 복부(Right Oblique)를 활용해 몸통은 더욱 회전한다. 오른쪽 복부 작용은 회전을 극대화시키는 것으로 어깨나 팔의 쓰임을 낮춘다. 왼쪽 복부와 광배근, 오른쪽 복부가 복합적으로 연결 작용해야 안정된 미드백스윙을 수행할 수 있다.

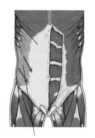

오른쪽
외복사근

왼쪽 복부와
광배근 작용

그림 89 외복사근　　　　그림 90 내복사근　　　　그림 91 복부의 측면을 활용한 회전

※ 테이크어웨이 동작 이후 미드백스윙에서 몸은 더욱 회전되어야 한다. 과거 미드백스윙 회전과 관련하여 가장 많이 언급되었던 신체 부위 중 하나는 어깨이다. 왼쪽 어깨를 밀어 회전시키거나 어깨가 턱 밑으로 가거나 오른 어깨를 뒤로 빼라고 표현하기도 하지만 실제 비틀림 힘에는 효과적이지 않다. 어깨를 활용한 몸통 회전은 올바른 근육의 작용과 무게중심 이동을 방해한다.

② 오른발 누르는 힘이 강해진다

회전이 극대화되기 위해서는 오른발의 지면 누르는 힘이 작용해야 한다. 회전을 극대화할수록 신체의 중심과 균형이 백스윙 방향으로 쉽게 따라가기 때문에 오른발의 지면 누르는 힘으로 따라가지 않도록 해야 한다.

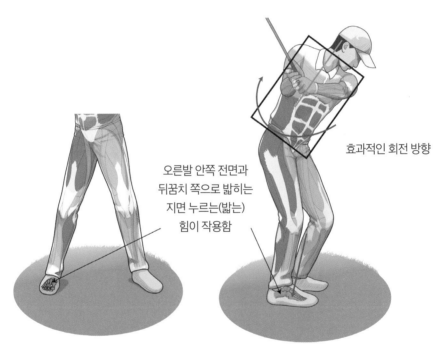

오른발 안쪽 전면과
뒤꿈치 쪽으로 밟히는
지면 누르는(밟는)
힘이 작용함

효과적인 회전 방향

그림 92 효율적인 회전과 오른발 지면 누르는 힘의 연결

③ 오른발 지면 누르는 힘은 엉덩 근육 작용까지 연결된다

오른발의 지면 누르는 힘은 오른 엉덩 근육까지 자연스럽게 연결 작용하게 한다. 올바른 몸통

회전과 오른발 지면 누르는 힘을 잘 작용해야 오른 엉덩근
이 강하게 작용할 수 있다.

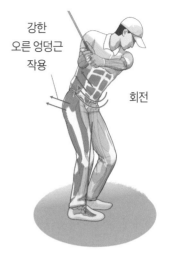

※ 백스윙에서 오른 복부와 엉덩근에 에너지가 응축될수
록 다운스윙에서 강한 에너지를 발현할 수 있다. 이에
미드백스윙 구간에서 오른 복부와 엉덩근 작용, 오른발
지면 누르는 힘이 반드시 발생해야 한다.

그림 93 오른 복부 회전과 지면 누르는 힘
그리고 엉덩근 작용 연결

※ 발이 밟히는 위치와 작용 효과(Metatarsal Bones)

지면 누르는 힘은 신체의 움직임 효율과 관계된다. 걷기, 달리기, 점프 또는 민첩한 동작에서 우리 신체
는 자연스럽게 발의 앞꿈치 쪽으로 지면을 누르며 그 힘을 활용해 신체를 움직인다.

지면 누르는 힘이 효과적으로 작용하기 위해서는 발의 앞쪽 뼈 부분인 중족골(Metatarsal bones)이 눌
려야 하는데, 이는 종아리 근육, 무릎 관절, 허벅지 근육, 엉덩 근육 등이 연결 작용해야 한다. 중족골 부
분에서 1st Metatarsal head 쪽이 밟히면 무릎 관절의 정렬(Alignmet)과 엉덩근 활성화(Gluteal firing)에
영향을 주며 뛰거나 한 발로 설 때 힙의 안정성까지 돕는다.

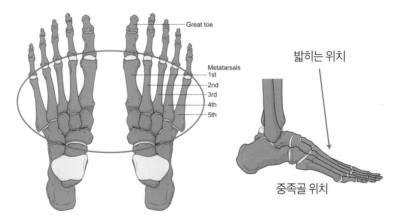

그림 94 중족골(Metatarsal bones) 위치

백스윙 중 미드백스윙과 탑스윙에서 오른발 중족골이 밟힌다는 의미는 종아리, 무릎 관절, 허벅지, 엉덩 근육까지 효과적인 근육 연쇄 작용을 의미한다. 이는 엉덩근의 활성화를 이루게 하고 백스윙 동안 힙의 안정화를 도와 에너지 응축에 효과적이다. 오른발의 중족골이 점진적으로 강하게 밟히기 위해서는 백스윙 동안 1) 복근이 작용되어야 하고 2) 백스윙 시 척추각이 유지되어야 하며 3) 오른 다리 대퇴 회전이 발생해야 한다.

백스윙 과정과 탑스윙까지 오른발 중족골이 효과적으로 밟혀야 근육 연쇄 작용으로 에너지 응축, 효율적인 신체 균형을 이루어 다운스윙에서 폭발적인 에너지 활용에 도움이 된다.

④ 상체 중심에서 손을 최대한 멀리 둔다

오른발의 지면 누르는 힘과 복부 꼬임을 극대화하기 위해서는 양팔이 몸에 가깝게 붙는 것을 주의해야 한다. 어드레스에서 테이크어웨이를 지나 미드백스윙 구간까지 오른팔 굽힘 각도는 점진적으로 구부러지게 되어 있으나 힘없이 굽혀지지 않도록 주의해야 한다.

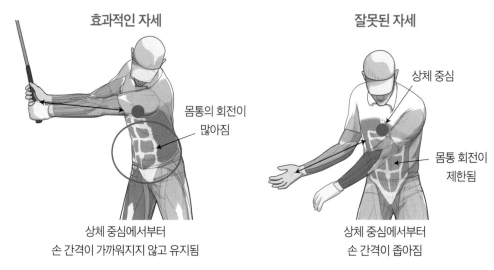

그림 95 효과적인 자세와 상체 중심

이때 왼팔을 펴려는 의도보다 오른팔의 펴는 힘을 활용하려 할 때 몸통 꼬임 힘을 더욱 극대화할 수 있다. 왼팔을 펴는 노력은 오히려 손과 상체 중심을 가까워지게 만들며 이는 몸통 회전을 방해한다.

※ 오른발 지면 누르는 힘과 광배근의 작용은 근육의 뒤측 사선 시스템(Posterior Oblique System)이 작용하는
   것으로, 몸의 비틀림 힘의 극대화와 안정성을 확보하게 된다.

그림 96 미드백스윙에서 근육 작용

복부 회전과 오른발 지면 누르는 힘 그리고 팔 간격 유지 연습 방법

연습 방법

1. 양팔의 힘을 뺀 상태에서 뻗는다.

2. 손목에 과도한 힘을 주지 않는다.

3. 코킹 동작과 같은 손목 꺾임 동작을 최소화한다.

4. 몸통 힘과 오른발 지면 누르는 힘을 느끼며 1. 2. 3. 동작을 함께 적용해 백스윙 방향으로 회전한다.

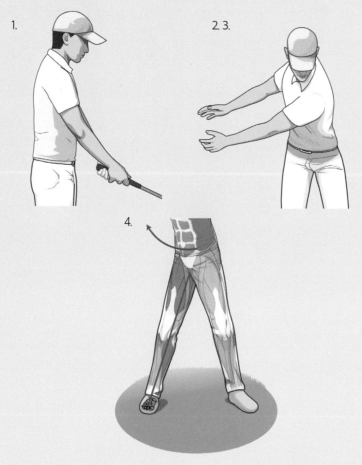

그림 97 복부 회전과 오른발 지면 누르는 힘 및 팔 간격 연습 방법

2) 손목 힘 조절

오른 손목은 뒤로 젖혀진다

미드백스윙 동작에서는 오른 손목은 뒤로 젖힘이 발생한다.

그립 끝이 지면을 향해 있기 때문에 손목 코킹 동작이 발생하거나 손목 꺾임이 발생하는 것처럼 보이지만, 손목의 힘이 빠지면서 오른 손목은 뒤로 젖힘 현상이 자연스럽게 발생한다.

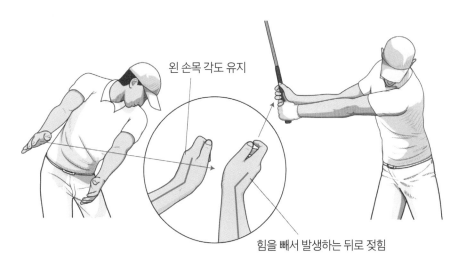

왼 손목 각도 유지

힘을 빼서 발생하는 뒤로 젖힘

그림 98 미드백스윙에서 손 움직임

※ 미드백스윙에서 오른손의 뒤로 젖힘 동작이 중요한 이유

팔의 힘 생성

팔의 강한 힘을 사용하기 위해서는 팔의 뼈가 서로 비틀어지듯 엎침 방향으로 회전한다. 만약 두 개의 뼈가 평행하듯 놓이면 팔의 힘을 활용하기 어렵다. 테이크어웨이 동작에서도 오른팔이 뒤침 동작을 하지 않도록 주의해야 하는 이유도 여기에 있다. 스윙에서 팔의 힘은 조절되어야 하지만 몸의 힘을 전달하는 건 손과 팔로써 에너지 손실을 최소화하고 효과적으로 전달하기 위해서는 효율적인 팔의 움직임이 필요하다.

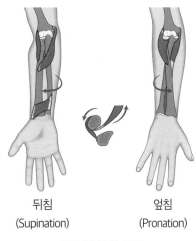

뒤침
(Supination)

엎침
(Pronation)

그림 99 팔의 회전

미드백스윙에서는 오른팔과 손의 움직임에 따라 탑스윙 동작이 달라질 수 있다.

그림 100 비효율적인 미드백스윙 시 오른팔 움직임과 탑스윙 동작 관계

미드백스윙에서 오른팔이 뒤침 방향으로 회전하거나 뒤로 젖힘 동작이 발생하지 않는다면, 팔 힘 사용이 제한(감소)되어 탑스윙 동작에서 이를 보상하려는 동작이 나타난다.

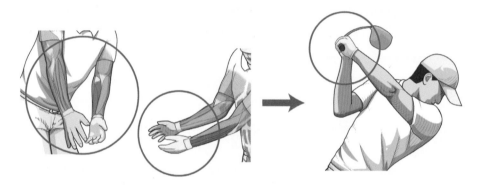

그림 101 효율적인 미드백스윙에서 오른팔 움직임과 탑스윙 동작 관계

미드백스윙에서 효율적인 오른팔 움직임은 효과적인 탑스윙을 동작을 돕는다.

손목 작용과 몸동작 연습 방법

연습 방법

손목에 힘을 빼는 작용이지 꺾는 동작이 아니다.

(1) 복부회전, 오른발 지면 누르는 힘의 작용, 팔 간격 유지 동작을 수행한다.

(2) 클럽 헤드가 관성에 반응할 수 있도록 오른손목의 힘을 뺀다.

(3) 오른손목의 힘이 조절되어야 효과적이다.

뒤로 젖히거나 받힌다는 표현이 자주 사용되지만 오른손목에 힘을 빼면 헤드 무게에 의해 자연스럽게 뒤로 젖힘 동작이 나타난다. 출렁거리거나 뻣뻣한 동작이 아니다.

꺾는 것처럼 보이지만, 꺾는 것이 아닌 손목 힘이 빠져 뒤로 젖혀지는 것이다.

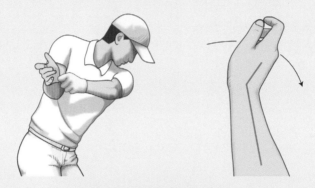

그림 102 오른손목 힘 빼는 과정

손목에 과도한 힘이 들어가거나 반대로 스윙 시작부터 잘못 사용된 손목 동작은 탑스윙에서 비효율적인 동작을 만든다.

그림 103 비효율적인 탑스윙 동작

3) 미드백스윙, 하나의 동작으로 발현되는 과정

미드백스윙 동작은 비틀림 힘 또는 회전을 극대화하는 과정이다. 테이크어웨이 동작에 비해 결합하는 과정 또는 체크 포인트가 적다.

올바른 테이크어웨이 작용이 선행되어야 비틀림 동작을 이룰 수 있다. 따라서 미드백스윙 동작은 연결하는 동작 연습이 필요하다.

결합한 연습 방법

1. 복부 회전, 오른발 지면 누르는 힘의 작용, 팔 간격 유지 동작을 수행한다.
2. 몸통의 회전이 최대가 될 때 오른손목 힘을 뺀다.
3. 오른손목의 힘이 빠지며 헤드의 움직임은 위로 올라가는 듯한 현상이 나타난다.
4. 백스윙에서 몸통 회전은 최대치가 된다.

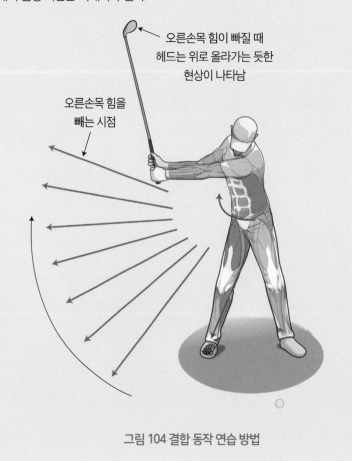

오른손목 힘이 빠질 때
헤드는 위로 올라가는 듯한
현상이 나타남

오른손목 힘을
빼는 시점

그림 104 결합 동작 연습 방법

※ 팔의 Up swing과 몸통 Turn(회전)에 대한 올바른 이해

대체적으로 테이크어웨이 동작 이후 몸동작과 팔동작을 이루기 위해 몸은 회전되고, 손은 위로 올라가는 Up swing 동작으로 백스윙을 완성하라고 강조한다. 하지만 이는 신체 움직임 시스템을 고려하지 않은 관점이다.

Up swing은 신체의 꼬임이나 하체 움직임 등 신체 동작과 원리를 설명하기에 역부족이다.

효과적인 스윙 궤도는 손이나 팔로 만드는 것이 아니라 전신 동작과 함께 이뤄져야 한다. 이에 up swing의 개념은 필요하지 않다.

※ 잘못된 하체 동작 및 회전 동작, 손동작은 궤도를 벗어나게 한다.
　이때 스윙 궤도를 이루기 위해 up swing을 수행하려 한다면, 에너지 효율은 떨어지게 된다.

※ 스윙 궤도는 올바른 하체 동작과 회전 동작, 손동작에 의해 발생한다.
　이에 궤도를 이루기 위한 up swing 동작은 따로 필요가 없다.

그림 105 올라가는 Up swing과 회전(Turn)스윙

미드백스윙 자세에서 체크 포인트

1) 정면

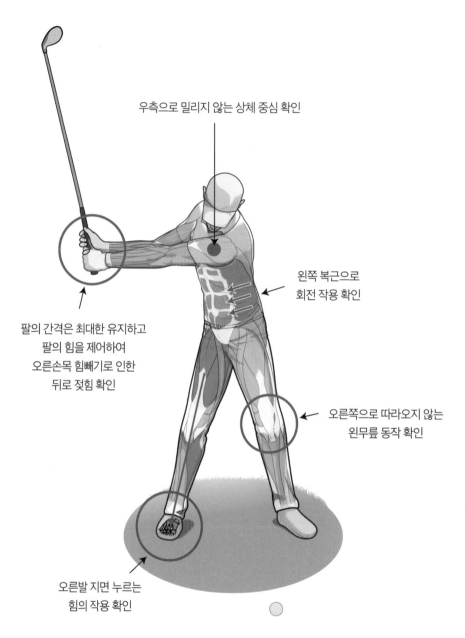

우측으로 밀리지 않는 상체 중심 확인

왼쪽 복근으로
회전 작용 확인

팔의 간격은 최대한 유지하고
팔의 힘을 제어하여
오른손목 힘빼기로 인한
뒤로 젖힘 확인

오른쪽으로 따라오지 않는
왼무릎 동작 확인

오른발 지면 누르는
힘의 작용 확인

그림 106 미드백스윙 자세에서 체크 포인트, 정면

2) 측면

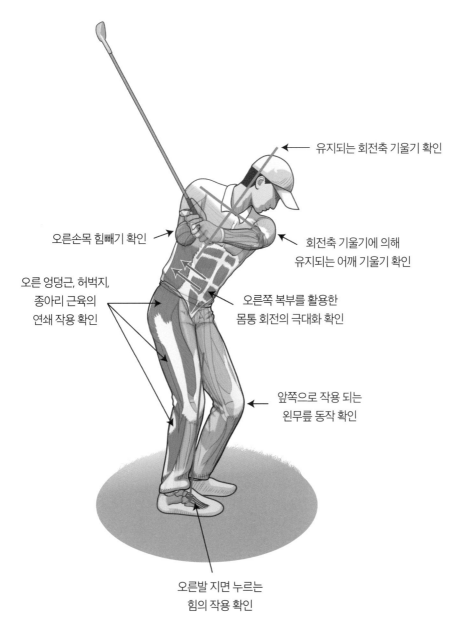

유지되는 회전축 기울기 확인

오른손목 힘빼기 확인

회전축 기울기에 의해
유지되는 어깨 기울기 확인

오른 엉덩근, 허벅지,
종아리 근육의
연쇄 작용 확인

오른쪽 복부를 활용한
몸통 회전의 극대화 확인

앞쪽으로 작용 되는
왼무릎 동작 확인

오른발 지면 누르는
힘의 작용 확인

그림 107 미드백스윙 자세에서 체크 포인트, 측면

탑스윙 동작

탑스윙은 신체 균형을 이뤄 극대화된 몸의 회전력을 응축하고, 다운스윙으로 모두 전환하는 과정이다. 신체 근육 작용에 근거한 탑스윙 동작을 설명해 보고자 한다.

---

1) 관성에 의해 이뤄지는 회전의 끝

▼

2) 탑스윙에서 상체의 역할

▼

3) 탑스윙, 하나의 동작으로 발현되는 과정

---

1) 관성에 의해 이뤄지는 회전의 끝

① 왼쪽 광배근은 최대로 늘어나는 작용을 한다

한번 작용한 왼쪽 광배근과 오른쪽 측면 복부의 작용은 제한이 발생할 때까지 계속 작용한다.

왼쪽 복부와 왼쪽 광배근 작용
그리고 오른 복부 작용까지
종합적으로 이뤄짐

그림 108 몸통의 회전

② 오른발 지면 누르는 힘과 강한 오른 엉덩근의 작용으로 회전의 끝을 정한다

탑스윙의 경계가 모호해지는 이유는 오른발의 지면 누르는 힘과 엉덩근의 작용이 약해질 때이다. 탑스윙의 경계는 손과 팔로 정하는 것이 아닌 왼쪽 광배근과 오른발 그리고 엉덩근 작용으로 제어된다.

강한 오른 엉덩근 작용

※ 올바른 복부 작용에 의해 연결된 오른발 지면 누르는 힘은 강한 오른 엉덩 근육의 작용으로 연결된다.

※ 오른 무릎이 필요 이상 굽혀지거나 펴지게 된다면 오른발의 지면 누르는 힘이 약화되고 엉덩근 작용도 자연스럽게 약화되면서 탑스윙의 경계가 무너지게 된다. 이때 오버 백스윙과 같은 여러 형태가 나타난다.

※ 강한 오른 엉덩근 작용은 몸통 회전을 극대화해 주며 몸의 꼬임 힘을 최대로 만들어 줌

그림 109 오른발 지면 누르는 힘과 엉덩근의 작용 연결

※ 에너지 응축과 전환을 위한 중요한 관점

탑스윙에서 가장 집중해야 할 부분은 나타나는 현상이나 스윙의 모양이 아닌, 에너지를 전달하는 기능과 역할로서 신체 자세와 균형 그리고 하체 움직임과 전환 동작에 적합한 리듬과 타이밍을 살펴보는 것이 중요하다.

1. 에너지를 더욱 응축시키는 과정

1.1 오른 복부 작용으로 오른 엉덩근 작용을 극대화한다.

1.2 왼쪽 복부와 왼쪽 광배근의 작용이 유지된다.

1.3 에너지 응축을 위해서는 왼무릎이 오른쪽으로 따라오지 않도록 주의해야 한다.

2. 지면을 누르는 오른발 위치와 작용 효과에 대한 이해

에너지 효율 측면에서 근육 연쇄 작용을 효과적으로 활용하기 위해서는 오른발의 어느 부위로 지면을 누르는지 이해가 필요하다.

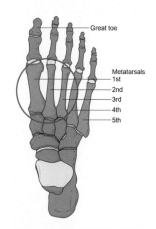

※ 골프 스윙 중 미드백스윙과 탑스윙에서 오른발 중족골 밟히는 작용은 종아리, 무릎관절, 허벅지, 엉덩 근육까지의 근육 연쇄 작용을 효과적으로 작용하게 한다. 또한 엉덩근의 활성화는 백스윙 동안에 하체의 안정화를 도와 에너지 응축에 효과적이다.

※ 탑스윙에서 오른발 중족골이 바르게 밟히기 위해서는 복부의 비틀림 작용이 반드시 발생해야 한다.

그림 110 탑스윙에서 지면을
누르는 발 부위

2) 탑스윙에서 상체의 역할

① 손과 몸의 간격은 미드백스윙 때의 위치를 계속 유지한다

탑스윙에서 팔의 간격은 자연스럽게 이뤄지는 것으로 미드백스윙 때의 간격을 최대한 유지한다.

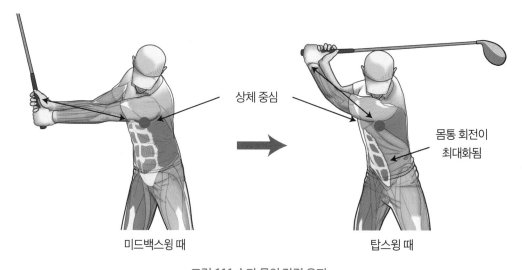

상체 중심

몸통 회전이
최대화됨

미드백스윙 때   탑스윙 때

그림 111 손과 몸의 간격 유지

② 손의 높이와 위치는 만들어지는 것이다

탑스윙에서 머리와 손의 간격이 가까울수록 몸통의 회전은 최대화되지 않는다. 테이크어웨이와 미드백스윙에서 올바른 회전과 팔의 간격, 엉덩근 작용이 이뤄졌다면 탑스윙에서 손 높이는 자연스럽게 위치한다.

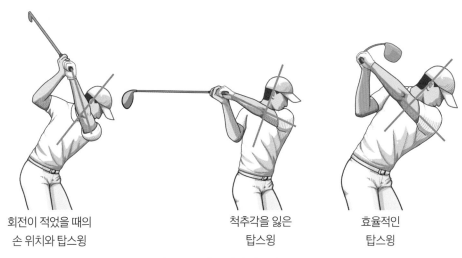

회전이 적었을 때의   척추각을 잃은   효율적인
손 위치와 탑스윙   탑스윙   탑스윙

그림 112 손의 높이와 탑스윙 동작 관계

※ 오른발 지면 누르는 힘과 광배근의 작용은 근육의 뒤측 사선 시스템(Posterior Oblique System)을 작용하는 것으로, 몸의 비틀림 힘은 최대치가 되고 안정성은 더욱 견고해진다.

※ 클럽을 제외하고 회전축을 중심으로 상체 중심을 유지하고 팔 간격을 멀리 두려 할수록 오른발 지면 누르는 힘과 엉덩근의 강한 작용을 느낄 수 있다.

그림 113 탑스윙에서 근육 작용

팔 연습 방법

연습 방법

1. 오른팔 한 손으로 팔의 격을 줄이지 않고 몸통 회전과 함께 탑스윙 동작을 수행해 본다.
2. 팔의 힘으로 들거나 굽히지 않도록 주의한다.
3. 양손으로 1., 2. 동작을 포함해 탑스윙 동작을 해 본다.

그림 114 오른손 동작으로 탑스윙 회전 연습 방법

※ 손의 높이와 위치와 균형 관계

손의 높이와 위치는 스윙의 균형에도 영향을 미친다. 올바른 회전이 발생 하였다면, 탑스윙에서 손의 높이는 효과적인 곳에 위치하게 된다.

만약, 손이 머리 방향으로 높아지거나 가까워진다면, 신체 균형이 변하면서 근육 작용과 에너지 효율에 부정적 영향을 끼친다. 결국 꼬임이나 비틀림 힘을 보상하기 위해 손 사용이나 부가적인 동작이 발생할 확률이 높다.

손이 높아지는 이유는 비틀림 힘이 충족되지 않아 이를 보상하기 위해 드는 동작이 발생한다. 이에 손의 높이를 교정하기 위해서는 비틀림의 생성과 함께 회전축과 힙각도, 손의 움직임을 함께 살펴보아야 한다.

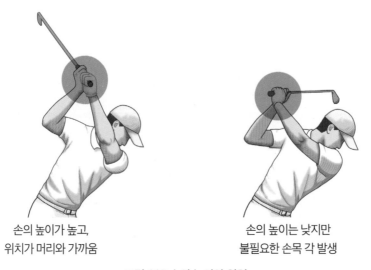

손의 높이가 높고,
위치가 머리와 가까움

손의 높이는 낮지만
불필요한 손목 각 발생

그림 115 손의 높이와 위치

※ 플랫(flat) 탑스윙 동작에 대한 개념을 재정립해야 한다

과거 플랫 스윙 궤도와 업 스윙 궤도는 스윙의 종류를 분류하는 척도였지만 최근 손의 높이로 스윙을 분류하는 것은 큰 의미가 없다고 밝혀졌다. 즉, 손의 높이가 어깨 선상보다 낮은 형태의 플랫한 탑스윙은 스윙의 종류가 아닌 에너지 효율과 관계되는 동작으로 해석되고 있으며, 이는 회전축의 기울기(척추 자세)가 무너지면서 발생한 비효율적인 현상 중 하나이다. 또한 잘못된 손동작도 플랫한 탑스윙을 발생시키기도 한다. 따라서 회전축 기울기와 손 움직임, 힙관절 각도 등이 탑스윙 동작에 영향을 미치며, 이는 에너지 효율에 중요한 역할을 한다.

※ 탑스윙에서 쟁반 받치기와 오른손 뒤로 젖힘 동작의 의미

탑스윙 동작에서 오른손 동작을 이야기할 때 쟁반 받치는 동작이 언급되거나 오른팔 모양에 대해 집중해 왔다. 하지만 이러한 접근 방식은 몸의 회전을 제한하고, 상체 사용을 높이며, 회전축을 무너트려 결국 꼬임이나 비틀림을 방해하는 주요 원인이 된다.

그림 116 쟁반 받치는 동작   그림 117 탑스윙에서 작용하는 오른손 뒤로 젖힘 동작

탑스윙의 경계가 어딘지 헷갈린다면, 오른손목 동작에 대해 확인해 볼 필요가 있다. 오른 손목이 쟁반 받치는 동작처럼 나타난다면 탑스윙의 끝 지점을 못 느낄 확률이 높다. 몸의 꼬임을 충분히 느끼고, 다운스윙으로 바로 전환하기 위해서는 반드시 오른손 쟁반 받침 동작이 아닌 뒤로 젖힘 동작이 발생해야 한다. 따라서 효율적인 오른팔과 손동작은 탑스윙에서 급작스레 발생하는 쟁반 받침 동작이 아닌 테이크어웨이 동작과 미드백스윙에서 발생하는 점진적인 뒤로 젖힘 동작이다.

※ 탑스윙의 모양과 스윙 과정 관계

다음의 요소에 따라 올바른 복부 작용 여부와 테이크어웨이, 미드 백스윙 궤도와 손 움직임 과정을 해석할 수 있다.

1. 탑스윙에서 헤드 위치
2. 탑스윙에서 헤드 모양(페이스 가리키는 방향)
3. 탑스윙에서 손의 위치와 모양

그림 118 효율적인 탑스윙 모양

탑스윙에서 헤드 앞으로 쏠림 현상	**탑스윙 헤드가 뒤로 쳐짐 현상**	**오른 무릎 펴짐 현상**
헤드가 앞으로 쏠림 현상이 발생하는 경우	헤드 뒤로 쳐짐 현상이 발생하는 경우	오른 무릎이 펴지는 경우
1. 테이크어웨이 시 오른손, 오른팔 작용 확인 및 교정 필요함 2. 테이크어웨이 시 복부 작용 확인 및 교정 필요함 3. 탑스윙 손 위치 교정 필요함	1. 몸통 회전 방법 확인 및 교정 필요함 2. 오른팔 작용 교정 필요함	1. 스윙을 시작하는 근육과 테이크어웨이 동작 교정 필요함 2. 몸통 회전 방법 확인 및 교정 필요함

그림 119 탑스윙 모양과 스윙 동작 관계

하나의 동작으로 결합 연습 방법

테이크어웨이와 미드백스윙에서 회전의 극대화가 중요했다면, 탑스윙에서는 안정성이 중요하다. 올바른 테이크어웨이와 미드백스윙은 균형과 리듬에 집중할 수 있게 한다. 이에 테이크어웨이 동작에서부터 미드백스윙-탑스윙 동작을 연결하는 연습이 필요하다.

연습 방법

1. 업 스윙과 같은 올라가는 동작을 주의한다.
2. 손목의 힘이 빠져야 클럽 헤드의 무게를 최대한 활용할 수 있다.
3. 올바른 몸통 회전과 발의 지면 누르는 힘, 팔의 간격이 유지된다면 손목의 힘을 빼도 클럽이 출렁하는 동작은 나타나지 않는다.

손목의 힘을 빼고 몸통의 힘과 오른발 지면 누르는 힘을 활용해 헤드를 최대한 멀리 보내는 회전 연습을 시행해 본다.

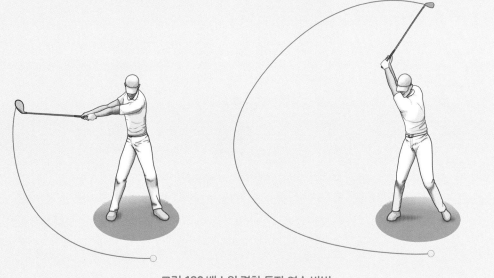

그림 120 백스윙 결합 동작 연습 방법

탑스윙 자세에서 체크 포인트

1) 정면

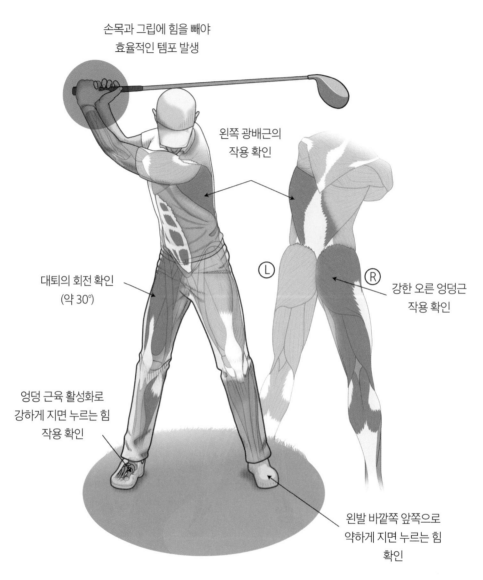

손목과 그립에 힘을 빼야
효율적인 템포 발생

왼쪽 광배근의
작용 확인

대퇴의 회전 확인
(약 30°)

엉덩 근육 활성화로
강하게 지면 누르는 힘
작용 확인

Ⓛ   Ⓡ   강한 오른 엉덩근
작용 확인

왼발 바깥쪽 앞쪽으로
약하게 지면 누르는 힘
확인

그림 121 탑스윙 자세에서 체크 포인트, 정면

2) 측면

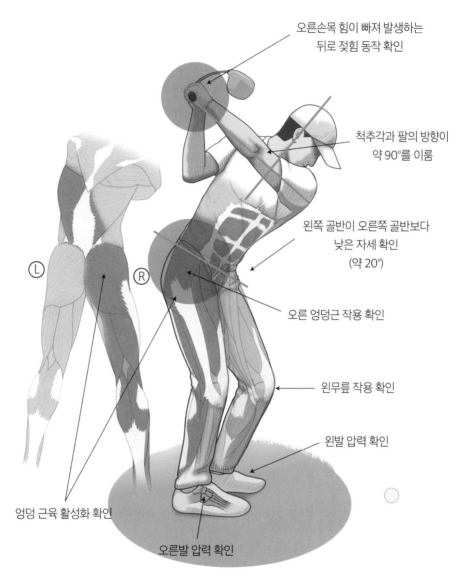

오른손목 힘이 빠져 발생하는
뒤로 젖힘 동작 확인

척추각과 팔의 방향이
약 90°를 이룸

왼쪽 골반이 오른쪽 골반보다
낮은 자세 확인
(약 20°)

오른 엉덩근 작용 확인

왼무릎 작용 확인

왼발 압력 확인

ⓛ   ⓡ

엉덩 근육 활성화 확인

오른발 압력 확인

그림 122 탑스윙 자세에서 체크 포인트, 측면

다운스윙

다운스윙은 클럽이 공을 향해 내려오는 구간으로, 거리나 방향성에 직접적인 영향을 미친다. 다운스윙에서는 손목의 잘못된 사용(Casting), 배치기(Early Extension) 현상, 비효율적인 무게중심 이동이나 클럽 패스(클럽 경로) 등의 문제들이 주로 언급된다. 하지만 다운스윙의 현상은 대부분 어드레스에서 백스윙 동작에 대한 반응 또는 결과이므로, 다운스윙에 나타나는 현상들을 이해하기 위해서는 신체 움직임 패턴을 함께 살펴보는 것이 중요하다. 다운스윙에서 집중할 것은 응축된 에너지를 공까지 완전하게 전달하는 것이다.

다운스윙 동작 핵심 과정과 신체 움직임 시스템

얼리다운스윙

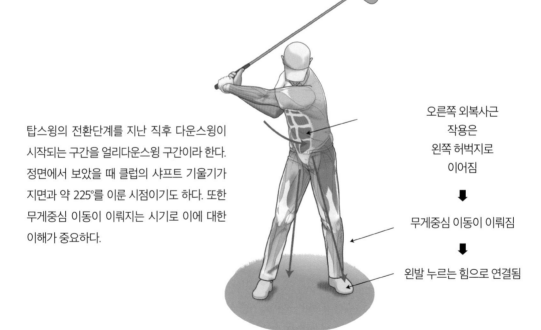

탑스윙의 전환단계를 지난 직후 다운스윙이 시작되는 구간을 얼리다운스윙 구간이라 한다. 정면에서 보았을 때 클럽의 샤프트 기울기가 지면과 약 225°를 이룬 시점이기도 하다. 또한 무게중심 이동이 이뤄지는 시기로 이에 대한 이해가 중요하다.

오른쪽 외복사근 작용은 왼쪽 허벅지로 이어짐

⬇

무게중심 이동이 이뤄짐

⬇

왼발 누르는 힘으로 연결됨

미드다운스윙

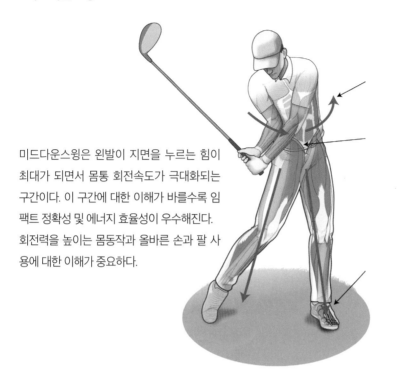

미드다운스윙은 왼발이 지면을 누르는 힘이 최대가 되면서 몸통 회전속도가 극대화되는 구간이다. 이 구간에 대한 이해가 바를수록 임팩트 정확성 및 에너지 효율성이 우수해진다. 회전력을 높이는 몸동작과 올바른 손과 팔 사용에 대한 이해가 중요하다.

오른쪽 외복사근과 왼쪽 내복사근 동시 작용

오른쪽 같은 방향 굽힘 (Ipsilateral flexion) 발생과 왼쪽 몸통 회전 (Contralateral rotation) 발생함

오른발, 왼발 지면 누르는 힘이 작용함

다운스윙 시작과 진행 과정

다운스윙에서 가장 큰 관심은 어떻게 다운스윙을 시작하고, 몸을 회전시켜 클럽 헤드 스피드를 향상하거나 임팩트 정확도를 높일 수 있는지이다. 이는 공의 거리나 방향성에 직접적인 영향을 미치기 때문에 다운스윙에 대한 물리학적 접근이나 운동학적 접근이 이뤄지고 있다. 하지만 이를 한 번에 이해하는 것은 쉽지 않다. 따라서 동작을 따라 하는 형태가 아닌 어떤 움직임 시스템과 패턴이 활용되는지 알아갈수록 지속 가능한 동작을 할 수 있을 것이다.

신체의 근육 작용과 움직임 시스템에 근거해 얼리다운스윙과 미드다운스윙에서 수행해야 할 동작에 대해 설명해 보고자 한다.

| 1) 다운스윙 시작 |
| ▼ |
| 2) 몸통 회전속도 높이기 |

1) 다운스윙의 시작

① 오른쪽 복부가 작용한다

오른쪽 복부로 다운스윙 회전을 시작한다. 동작이 자연스러워질수록 점차 큰 의식 없이 자동으로 사용되며, 왼발이나 왼쪽 복부에 대한 의식만으로도 자동 작용한다.

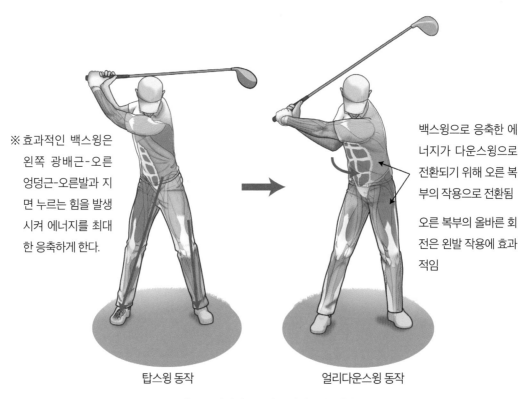

※ 효과적인 백스윙은 왼쪽 광배근-오른 엉덩근-오른발과 지면 누르는 힘을 발생시켜 에너지를 최대한 응축하게 한다.

백스윙으로 응축한 에너지가 다운스윙으로 전환되기 위해 오른 복부의 작용으로 전환됨

오른 복부의 올바른 회전은 왼발 작용에 효과적임

탑스윙 동작   얼리다운스윙 동작

그림 123 얼리다운스윙 동작과 근육 작용

※ 근육의 앞측 사선 시스템(Anterior Oblique System)의 활용은 몸의 회전을 효과적으로 발생시켜 왼발로 에너지가 자연스럽게 전달되게 한다.

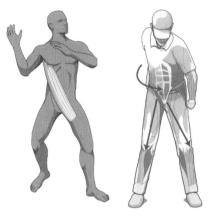

※ 팔동작을 제외하고 백스윙의 탑스윙 동작에서 다운스윙 방향으로 몸통 회전할 때 오른 복부로 회전을 시작하면, 왼발로 무게중심 이동을 수월하게 할 수 있다.

이때 빠르거나 민첩하게 회전하는 형태가 아니다.

그림 124 얼리다운스윙 근육 작용

② 왼쪽 복부가 작용한다

오른쪽 복부로 회전을 시작해 왼쪽 복부로 몸통의 회전을 이어간다. 왼쪽 복부 회전은 팔로스루까지 계속 이어진다.

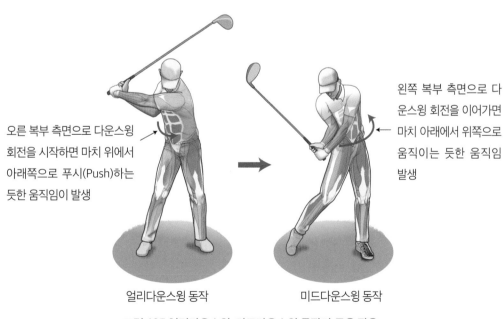

오른 복부 측면으로 다운스윙 회전을 시작하면 마치 위에서 아래쪽으로 푸시(Push)하는 듯한 움직임이 발생

왼쪽 복부 측면으로 다운스윙 회전을 이어가면 마치 아래에서 위쪽으로 움직이는 듯한 움직임 발생

얼리다운스윙 동작

미드다운스윙 동작

그림 125 얼리다운스윙, 미드다운스윙 동작과 근육 작용

③ 무게중심 이동이 이뤄진다

올바른 오른 복부와 왼 복부의 회전(Push & Pull)은 왼발과 오른발 지면 누르는 힘으로 효과적으로 연결되면서 무게중심 이동이 이뤄진다.

얼리다운스윙 동작   미드다운스윙 동작

그림 126 얼리다운스윙, 미드다운스윙 근육 작용과 무게중심 이동

※ 복부 힘의 작용(Push & Pull) 형태

다운스윙 복부 작용에도 효율적인 움직임 순서가 있다. 얼리다운스윙에서의 오른쪽 복부의 미는 힘(앞측 사선 시스템)은 몸의 회전을 만들고, 백스윙 때 응축한 에너지를 전달하게 한다. 동시에 왼쪽 복부의 당기는 힘은 스윙에서의 관성모멘트를 낮추고, 몸의 회전을 높여 스윙에 필요한 지면 누르는 힘과 구심력 및 원심력 작용을 돕는다. 몸의 구심력 작용은 클럽의 원심력 작용을 극대화하여 스윙의 회전속도와 최대의 충격량을 만든다.

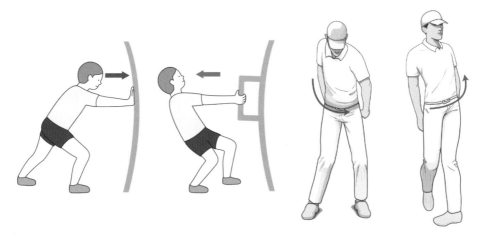

그림 127 Push & Pull 작용의 이해   그림 128 스윙에서 Push & Pull 작용의 이해

만약 다운스윙이 시작될 때 미는 힘이 아닌 당기는 힘을 먼저 사용한다면, 다음과 같은 현상이 발생할 확률이 높아진다.

1. 무게중심 이동과 지면 누르는 힘의 약화
2. 몸통 회전속도 감소
3. 임팩트 존에서 과도한 왼쪽 어깨 올라감 현상
4. 팔로스루 동작에서 치킨윙 발생
5. 얼리익스텐션 현상
6. 척추각 무너짐 현상
7. 손목 캐스팅, 스쿱핑 발생
8. 클럽 헤드 스피드 및 비거리 감소

※ 다운스윙에서 발이 밟히는 위치 작용과 효과

백스윙에서 오른발 중족골의 작용이 중요한 만큼 다운스윙 시작에서도 왼발의 중족골 작용이 중요하다. 단순히 왼발에 체중을 실어야 한다는 표현보다 왼발 중족골 방향으로 누르는 힘이 발생해야 종아리, 무릎관절, 허벅지, 엉덩 근육까지 근육 연쇄 작용이 효과적으로 일어난다. 이는 엉덩근의 활성화를 이뤄 다운스윙 동안에 하체의 안정화를 이루고 최대의 몸통 회전력 사용을 가능하게 한다. 중족골이 밟히기 위해서는 1. 복근이 작용되어야 하며 2. 숙인 척추각이 유지되어야 하고 3. 무릎관절 굽힘이 적고 4. 골반 기울기가 유지되어야 하며 5. 다운스윙에서 상체 중심 위치를 살펴보아야 한다.

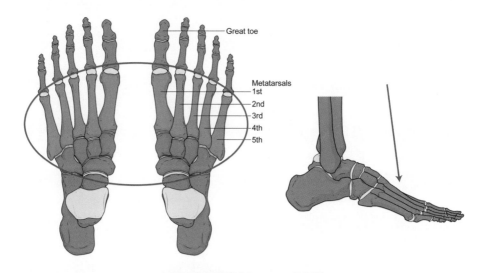

그림 129 중족골(Metatarsal) 위치

몸통 회전 연습 방법

연습 방법

복부 작용 시스템에 대한 이해가 필요하다.

1. 손바닥이 정면을 보게 한 상태에서 양팔을 최대한 펼친다.

2. 팔은 몸통 회전에 따라 움직이지만, 팔뚝에 힘은 최소화한다.

3. 왼발로 지면을 눌러 중심을 이룬 상태에서 복부의 힘으로 좌, 우 반복 회전한다.

4. 상체를 숙여 동일한 방법으로 회전해 본다.

5. 복부에 느껴지는 자극을 기억한다. (민첩하거나 빠른 형태의 회전이 아니다)

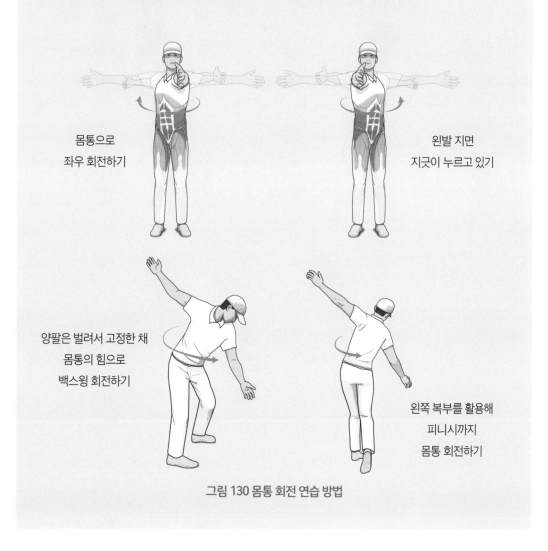

몸통으로
좌우 회전하기

왼발 지면
지긋이 누르고 있기

양팔은 벌려서 고정한 채
몸통의 힘으로
백스윙 회전하기

왼쪽 복부를 활용해
피니시까지
몸통 회전하기

그림 130 몸통 회전 연습 방법

2) 몸통 회전속도 높이기

① 몸통 회전은 수평 방향으로 피니시까지 이어진다

탑스윙에서 다운스윙, 임팩트, 팔로스루, 피니시까지 몸통은 수평 방향으로 회전한다고 이해해야 한다. 또한 몸통의 회전은 임팩트 존에서 끝나는 것이 아닌 피니시까지라고 이해해야 한다.

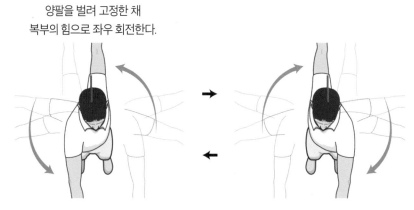

양팔을 벌려 고정한 채
복부의 힘으로 좌우 회전한다.

그림 131 위에서 내려다보았을 때 몸통 회전 방향과 개념

탑스윙에서부터
복부는 작용한다.

왼쪽 복부를 활용해
피니시까지 몸통 비틀기를
수행한다.

그림 132 스윙에서 몸통 수평 회전의 이해

회전축을 기준으로 회전하기 때문에 몸통 회전은 수평 회전이다.

※ 수행의 의도와 나타나는 현상의 차이 이해하기

다운스윙 동작에서 왼쪽 힙이 오른쪽 힙에 비해 높아 보인다. 하지만 이는 회전 중에 자연스럽게 발생하는 현상으로. 의도와 현상을 구분해야 한다. 숙인 자세와 몸통의 회전 그리고 왼쪽 다리 지면 누르는 동작으로 인해 왼쪽 힙의 높이가 높아지는 것이므로, 왼쪽 힙을 높이려는 동작을 의도하지 않아야 한다. 힙의 높낮이를 조절하는 것이 아닌 몸통의 회전이 올바르게 될 때 자연스럽게 나타나는 현상으로 이해해야 한다.

올바른 회전에 의한
자연스러운 하체 동작

주의해야 하는
하체 동작

그림 133 올바른 회전과 하체 움직임 형태

② 손과 몸통 사이의 간격을 의도적으로 줄이지 않는다

팔과 손의 힘을 최소화할 때 손과 몸 사이의 공간은 자연스럽게 좁아진다. 팔을 끌어 내리거나 당기는 형태의 동작이 아니다. 팔과 몸통 사이에 공간이 있어야 몸통의 회전력은 극대화될 수 있다.

탑스윙에서부터
손과 팔의 힘을
조절함

※ 다운스윙 시작에서 양손은 힘으
로 끌어내리는 동작이 아니다.
몸통 회전력 때문에 딸려오는
동작이다.

몸통은
수평으로 회전함

그림 134 다운스윙 시작에서 손과 팔의 작용

일반적으로 다운스윙에서 손은 아래로 향하면서 몸으로 가깝게 또는 팔꿈치가 몸통에 붙여 내려와야 효과적이지만 이는 팔로 조절하는 동작이 아니다. 몸통의 회전력을 최대로 만들기 위해서는 몸통과 팔 그리고 손의 불필요한 힘을 조절해야 효과적이다.

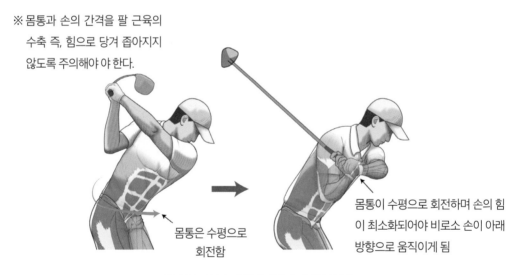

※ 몸통과 손의 간격을 팔 근육의
수축 즉, 힘으로 당겨 좁아지지
않도록 주의해야 야 한다.

몸통은 수평으로
회전함

몸통이 수평으로 회전하며 손의 힘
이 최소화되어야 비로소 손이 아래
방향으로 움직이게 됨

그림 135 다운스윙 시작에서 손과 팔의 작용

※ 보여지는 현상에서는 다운스윙 동안 손과 팔이 몸통에 가까워지고 좁혀지는 듯 보이나, 팔과

손의 힘으로 당겨 좁히는 것이 아닌 팔과 손의 힘은 최소화되고 몸통 회전에 의해 자연스럽게 가까워지는 현상임을 구별해야 한다.

※ 손과 팔이 몸통과의 간격을 좁히지 않고 유지한다는 의미

다운스윙 동안 팔은 몸통에 붙어 다녀야 한다고 하지만 실제 수행에는 차이가 있다. 팔을 몸통에 붙지 않게 할 때 몸통의 회전력은 극대화될 수 있다.

붙지 않는다는 의미가 양 팔꿈치를 몸통에서 벌려야 한다는 의미가 아닌, 팔을 앞으로 나란히 할 때와 같이, 몸통에서 팔이 떨어져야 한다는 의미이다. 양팔이 몸통에 과도하게 붙지 않아야 몸통 회전력에 도움이 된다.

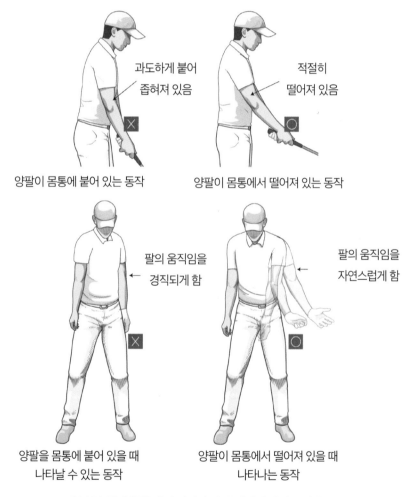

그림 136 팔과 몸통 사이 간격이 팔 움직임에 미치는 영향

※ 다운스윙에서 올바른 손의 궤도란?

일반적으로 다운스윙 구간에서 손은 중력 방향으로 떨어트려야 한다거나 수직 방향으로 떨어트려야 한다고 한다. 또 완만한 다운스윙 궤도를 구축하기 위해 백스윙 궤도보다 더욱 아래쪽으로 움직여야 한다는 등의 표현이 있다. 하지만 다운스윙 시작에서 팔과 손을 수직 방향 또는 중력 방향으로 떨어트리려 한다면, 몸의 회전보다 팔 사용량이 커진다. 복부를 활용해 몸통이 수평 회전하면서 팔과 손의 힘이 최소화된다면, 팔과 손은 자연스럽게 몸통 회전을 따라 움직이게 되고, 이는 마치 수직 방향으로 손이 움직이는 것처럼 보이게 된다. 다운스윙에서의 효율적인 손 궤도는 백스윙 동작에서 복부 시스템이 올바르게 작용하고, 팔의 힘이 적절하게 조절될 때 완성된다.

※ 만약 몸통 회전과 무게중심 이동 그리고 왼발지면 누르는 힘이 작용하지 않거나 약화된 상태로 팔과 손의 힘이 강하게 쓰이면 다운스윙 궤도는 이탈하게 된다. 이러한 움직임을 아웃 투 인 궤도, 엎어 친다고 한다. 따라서 몸통 회전 및 무게중심 이동과 왼발 작용을 설명하지 않은 상태에서 아웃 투 인 궤도 또는 팔동작의 교정은 무의미하다.

그림 137 얼리다운스윙 손의 궤도

※ 주의해야 할 팔동작

상체 중심에서 양손의 거리가 탑스윙에서부터 유지될 때 몸통 회전에 도움이 됨

손(그립 끝)과 왼쪽 골반이 연결되어 골반이 움직일 때 그립 끝도 따라 움직인다는 잘못된 이미지임

그림 138 다운스윙에서 팔동작에 대한 이미지

힙이나 골반이 아닌 몸통으로 회전하고, 팔과 손의 힘을 최소화하려 할 때, 왼발 지면 누르는 작용과 최대의 각운동량 그리고 관성모멘트를 낮출 수 있다. 이를 통해 효율적이고 우수한 다운스윙 동작을 이룰 수 있다.

몸통 회전 속도를 높이기 위한 연습 방법

연습 방법

1. 양팔을 벌린 상태로 어드레스 자세를 취한다.

2. 팔은 몸통 회전에 따라 움직이지만, 팔뚝의 힘은 최소화한다.

3. 양다리는 힘을 주고 버티며, 복부의 힘으로 좌, 우 반복해 회전한다.

4. 복부에 느껴지는 자극을 기억한다. (민첩하거나 빠른 형태의 회전이 아니다)

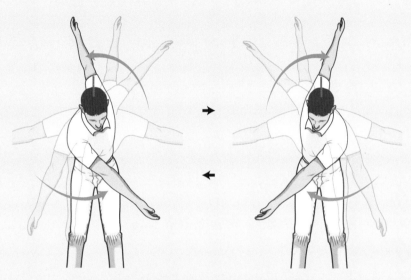

그림 139 몸통 회전속도 향상을 위한 연습 방법 1

클럽을 들고 미드백스윙에서 팔로스루의 하프라인 구간까지 동작해 본다.

1. 위에서 느꼈던 복부의 자극을 느끼며 스윙한다.

2. 팔과 손의 힘을 최소화한다.

3. 팔로스루까지 팔과 몸통 사이의 간격이 좁아지지 않도록 주의한다.

4. 클럽 헤드 끝이 큰 원을 그린다는 이미지를 그린다.

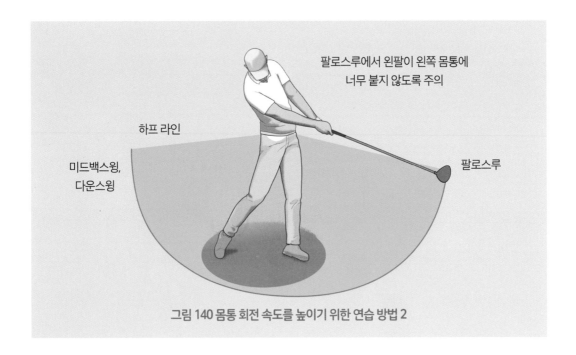

그림 140 몸통 회전 속도를 높이기 위한 연습 방법 2

(이미지 내 텍스트: 팔로스루에서 왼팔이 왼쪽 몸통에 너무 붙지 않도록 주의 / 하프 라인 / 미드백스윙, 다운스윙 / 팔로스루)

다운스윙 회전에 대한 그 밖의 이야기

1) 복근이 아닌 다른 신체 부위로 회전을 의도하는 경우

① 상체에 의한 다운스윙 회전

만약 다운스윙에서 회전을 복부가 아닌 상체(어깨나 가슴)로 주도하려 한다면, 하체 움직임을 방해한다.

이는 다운스윙보다 오버 백스윙(Across the Line) 형태의 탑스윙에서 비롯되었을 수 있으며, 결국 짧은 팔로스루를 발생시켜 임팩트 정확성과 스윙 스피드에 부정적인 영향을 미친다.

② 엉덩이나 골반을 활용한 다운스윙 회전

만약 다운스윙이 시작되는 구간에서 왼쪽 골반을 미는 듯한 동작을 수행한다면 무게중심 이동이 제한되어 몸통 회전을 방해한다. 결국 헤드 스피드와 거리에 부정적 영향을 미치게 된다.

또한 다운스윙에서 회전을 엉덩이 즉, 힙으로 수행하려 한다면, 복부 근육 작용이 어려워져 몸통 회전이 약화된다. 몸통 회전이 원활하지 않으면 필요 이상으로 팔을 사용하게 되면서 상체가 뒤에 남거나, 막히는(Block) 등의 현상 발생하게 된다. 이는 과한 손 사용의 원인이 되기도 한다.

③ 샬로윙(완만한) 다운스윙 동작이란?

효율적인 다운스윙 궤도를 만들기 위해 샬로윙 한 동작을 만들어 반복 연습하는 경우가 있다. 샬로윙 한 다운스윙을 연결과정 없이 만들게 되면 스윙 동작이 조화롭지 못해 지속성이 떨어진다. 또는 왼쪽 어깨가 솟아 올라가거나, 팔이 몸에 가로막히는 현상을 보상하기 위해 또 다른 비효율적 동작을 발생시킨다. 백스윙 동작과 결합하고 연결하여 완성하는 것이 효과적이다.

2) 다운스윙에서 장요근의 역할

스윙의 회전력과 연관 있는 근육들은 크게 둔근과 허벅지, 허리와 복부 근육이 영향을 미친다고 알려져 있다. 한 보고서에서는 비골퍼과 프로 골퍼의 복부 몸통을 MRI로 검사한 결과, 비골퍼와 프로 골퍼의 몸통 좌, 우 부피(Volume)의 비율이 다른 것으로 나타났다. 비골퍼의 몸통 좌, 우 부피에는 별다른 차이가 없었지만, 프로 골퍼의 몸통은 오른쪽에 비해 왼쪽의 부피가 비대해진 것으로 나타났다.

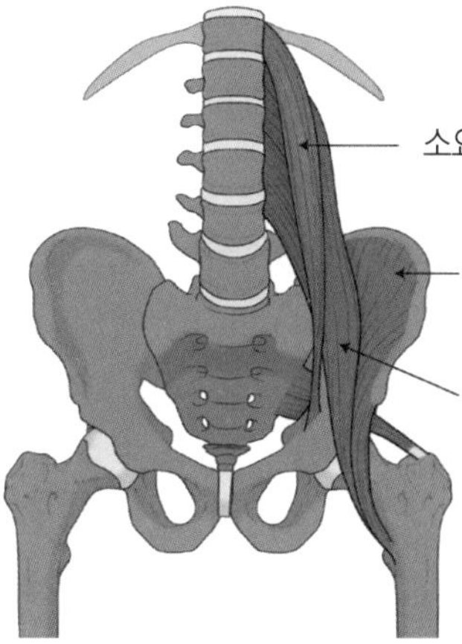

소요근

장골근

대요근

그림 141 장요근 구조

이유는 강한 회전력에 의해 장요근(Psoas Major), 복사근(Oblique)이 포함된 측면 배벽(Lateral abdominal wall), 복직근(Rectus abdominal)이 발달하면서 두께가 두꺼워진 것으로 해석된다. 스윙을 할 때 몸통 주변 근육들이 강하게 작용하지만 **여기서 주목해야 하는 내용은 의식적 작용과 자연스러운 연쇄 작용이다.**

우리는 스윙 동안 모든 근육을 의식해서 작용시킬 수 없다. 보고서의 내용처럼 강하게 사용되는 근육들이 효과적으로 쓰일 수 있도록 단련하는 과정은 필요하지만, 스윙 동작 훈련에 의한 움직임 시스템 발달이 필요하다.

※ 장요근은 척추와 다리뼈를 연결하는 근육으로 하체와 상체의 움직임을 연결하는 중요한 근육이다. 스포츠에서 장요근은 관절을 연결하여 걷고, 뛰는 것을 가능하게 하며, 종아리의 아킬레스건과 같이 탄성 에너지 역할도 한다. 이에 스윙에서 강한 회전력을 만드는 데 중요한 역

할을 한다. 하지만 장요근의 의식적 사용은 불가능하다. 올바른 스윙 동작(몸통 회전과 왼발의 지면 누르는 작용과 팔의 간격 등)을 훈련해야 올바른 시스템으로 발달할 수 있다. 골프 선수들의 왼쪽 복부 부피가 비대해진 이유도 여기에 해당한다.

3) 스윙에서 지면반력(누르는 힘)과 토크의 의미

스윙에서 에너지는 신체의 비틀림 힘으로 생성하고 발현하게 되는데 이를 더욱 극대화하는 것은 지면반력과 토크의 관계다.

인체에 작용하는 지면반력은 무게중심을 회전축으로 하여 모멘트와 토크를 만든다('스윙에서 회전의 목적' 참고). 지면반력은 3차원(X, Y, Z)의 축이 작용하는데 위, 아래로 작용하는 수직(Z)축 그리고 좌, 우 또는 앞, 뒤로 작용하는 축(X, Y)이 있다. 그래서 지면반력을 위, 아래의 수직 힘으로만 이해해선 안 된다. 특히 스윙에서는 회전을 통해 에너지를 발현하기에 지면반력의 크기(수직 힘)보다 언제 어떻게 어느 방향(X, Y 축)으로 작용하는지가 중요하다. 토크는 물체를 회전시키는 원인이 되는 힘 또는 비틀림 힘으로 스윙에서 두 작용의 관계와 의미에 대한 이해가 필요하다.

예를 들어 달리는 버스 안에서 버스 앞머리를 왼쪽에 두고 창가를 보고 서 있다고 가정해 보자. 만약 왼팔로만 머리 위 손잡이를 잡았을 때, 버스가 급정거하면 몸은 관성에 의해 버스 앞머리 방향으로 쏠리게 된다. 이때 신체 움직임을 살펴보면 손잡이를 잡고 있던 왼쪽이 회전축이 되면 오른쪽 몸은 회전하면서 쏠리게 된다. 이러한 현상을 지면을 누르는 힘의 선형(직선)운동은 정지하고, 토크 즉, 회전운동으로 운동량이 전이되는 과정이라 할 수 있다.

이를 스윙에 대입하면 다운스윙에서 무게중심이 이동하면서 왼발에 작용하던 선형운동은 정지하고, 회전운동으로 보존되고, 전이되면서 몸통의 회전속도가 증가하게 된다. 만약 다운스윙에서 무게중심 이동 타이밍이 너무 빠르게 되면 회전운동 전이도 빨라지면서 몸은 빠르게 열리게 되고, 반대로 무게중심 이동이 없다면 회전운동의 전이도 약해지면서 몸의 회전속도는 증가하지 않는다. 이를 스윙에서 지면반력과 토크의 관계라고 할 수 있으며 그래서 지면을 누르는 힘의 크기보다 어느 타이밍에 작용하는지가 중요하다.

핵심은 테이크어웨이와 미드백스윙에서 비틀림 힘이 효과적으로 발생해야 다운스윙에서 선형 운동의 정지 그리고 회전운동으로의 전이를 극대화할 수 있다.

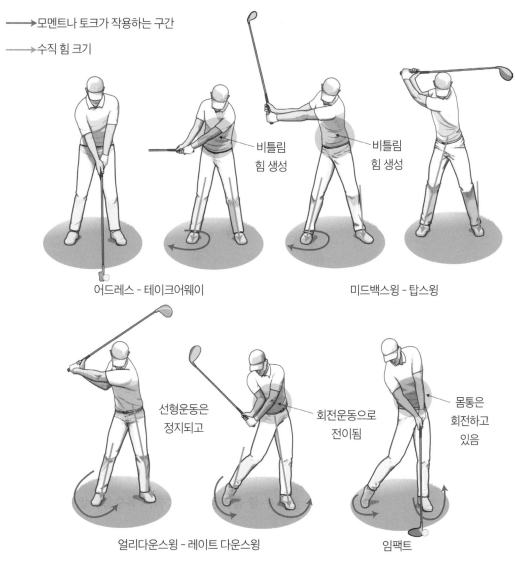

그림 142 스윙 구간별 지면 누르는 힘과 토크 작용

임팩트 존(Zone)

임팩트 존은 헤드 스피드가 가장 빠른 구간이자 공이 맞는 구간으로 레이트 다운스윙-임팩트-팔로스루를 포함한 구간이다.

임팩트 존은 실제적 스윙 플레인 구간으로 헤드 스피드, 임팩트 정확성과 관계되어 올바른 몸통 움직임과 손 사용에 대한 이해가 필요하다.

임팩트 존 동작 핵심 과정과 신체 움직임 시스템

임팩트 존

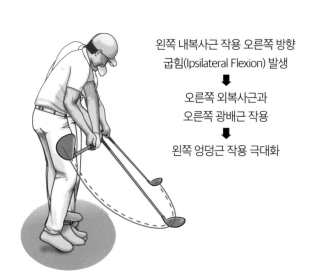

왼쪽 내복사근 작용 오른쪽 방향
굽힘(Ipsilateral Flexion) 발생

↓

오른쪽 외복사근과
오른쪽 광배근 작용

↓

왼쪽 엉덩근 작용 극대화

허리 높이에서 이뤄지는 임팩트 존은 레이트 다운스윙-임팩트-릴리즈를 포함한다. 헤드 스피드가 가장 빠른 구간으로서 헤드 스피드에 효과적인 손목 풀림 작용에 대한 이해가 필요하다.

팔로스루-피니시

스윙의 마무리 동작으로 팔로스루, 피니시 구간은 스윙 동안 힘 분배를 적절히 이루어야만 균형을 잡을 수 있다.

오른쪽 외복사근과
오른쪽 광배근 작용
⬇
왼쪽 엉덩근 작용 극대화

팔루스루와 피니시는 상체 힘을 최소화하고 몸통 회전력이 활용될수록 근사한 동작이 나타나기 때문에 팔동작으로 조절하지 않는 방법에 대한 이해가 필요하다.

임팩트 존(레이트 다운스윙-임팩트-팔로스루) 동작

임팩트 존은 공이 막기 직전인 레이트 다운스윙 구간에서부터 공이 맞는 임팩트 순간 그리고 공이 맞고 난 직후의 팔로스루까지의 구간을 의미한다. 임팩트 존은 헤드 스피드가 가장 빠르고, 클럽 헤드에 공이 정확히 맞는 매우 실질적인 구간이므로 그 과정이 어떻게 이루어지는지 이해가 필요하다. 하지만 임팩트 존은 어드레스, 백스윙과 다운스윙의 시작 동작(얼리다운스윙, 미드다운스윙)에 대한 반응으로 임팩트 존에서 순간적인 동작 교정이나 수정은 어렵다.

---

1) 최대의 헤드 스피드

2) 충격(임팩트)의 과정

3) 스윙의 크기(아크)

---

1) 최대의 헤드 스피드

① 왼쪽 복부는 계속 회전한다

왼쪽 복부의 회전은 임팩트에서 끝나는 것이 아닌 피니시 구간까지 계속된다.

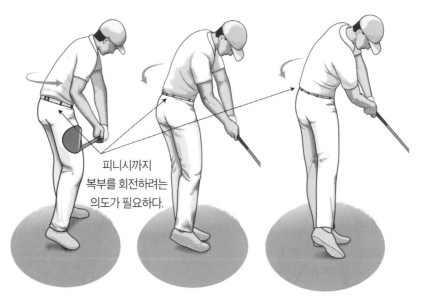

피니시까지
복부를 회전하려는
의도가 필요하다.

그림 143 복부 작용 구간, 측면

몸통 회전을 효과적으로
활용하기 위해서는
복부 쓰임 훈련이
필요하다.

팔로스루 지나서까지
몸통은 회전한다는
의도가 필요하다.

그림 144 복부 작용 구간, 정면

※ 임팩트 존의 에너지 효율성

효율성을 평가하는 방법 중 하나는 힙의 회전 각도이다. 장타일수록 왼쪽 힙 회전 정도가 약 30~40° 정도로 나타나며, 이러한 회전은 요추 부상 예방에도 도움이 된다.

주의해야 할 것은 힙 회전 각도는 힙으로 만드는 것이 아닌 몸통의 회전력에 의해 발생한다는 점이다.

② 손목 풀림의 작용

손목 풀림은 임팩트 이전 구간에서부터 시작되어 릴리즈-팔로스루 구간(실제적 스윙 플레인 구간)까지 연결된다. 이때 손목과 팔뚝의 힘은 최소화한다.

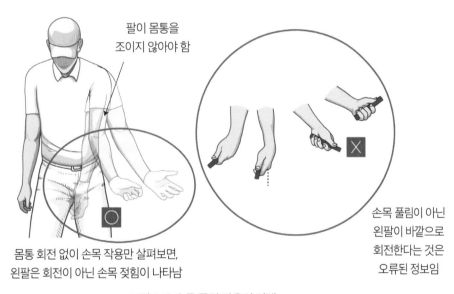

팔이 몸통을
조이지 않아야 함

몸통 회전 없이 손목 작용만 살펴보면,
왼팔은 회전이 아닌 손목 젖힘이 나타남

손목 풀림이 아닌
왼팔이 바깥으로
회전한다는 것은
오류된 정보임

그림 145 손목 풀림 작용의 이해

손목 젖힘 동작은 손목의 힘이 최소화되고 팔과 몸통 사이의 거리를 유지한 상태에서 몸통 회전이 효과적으로 발생했을 때, 자연스럽게 나타난다. 이러한 현상을 스윙이라 한다.

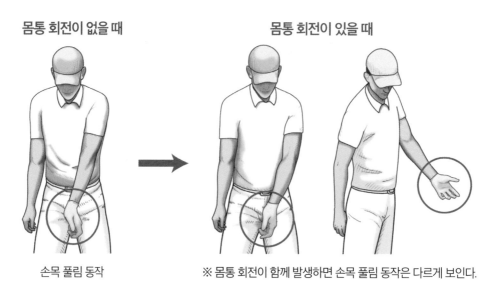

몸통 회전이 없을 때   몸통 회전이 있을 때

손목 풀림 동작   ※ 몸통 회전이 함께 발생하면 손목 풀림 동작은 다르게 보인다.

그림 146 손목 풀림 작용 과정

몸통 회전을 제외하고 손목 작용만 놓고 보면, 마치 손목은 꺾인 것처럼 보인다. 하지만 몸통 회전이 함께 작용하게 되면, 왼손 움직임은 마치 손등을 내밀었다가 왼팔이 회전하는 것처럼 보인다. 손목의 풀림 과정은 임팩트 순간이 아닌 이전 구간에서부터 발생해야 최대의 헤드 스피드와 에너지 효율성을 이루게 한다. 다만, 손목의 힘을 뺀 풀림 동작과 손목 힘을 의식적으로 사용해 푸는 동작에는 많은 차이가 있다. 손목 풀림을 힘으로 푼다면 몸통의 회전은 제한되면서 일명 캐스팅, 스쿱핑 등의 비효율적인 동작이 나타나게 된다.

※ 올바른 손목 풀림 작용의 이해

효율적인 동작   캐스팅 또는 스쿠핑 동작

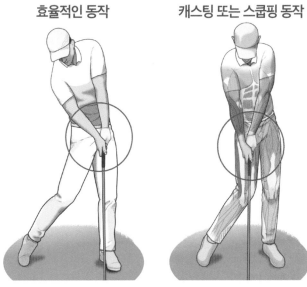

그림 147 효율적인 동작과 비효율적인 스쿠핑 동작

두 동작의 차이는 손목의 모양으로 보이지만, 몸통 회전에 대한 차이로 해석해야 한다.

다운스윙에서 손목 풀림은 헤드 스피드 증가와 충격량에 영향을 미치기에 무척 중요하다. 하지만 상대적으로 손목이 일찍이 풀려 버리는 캐스팅 또는 스쿠핑 현상이 자주 발생한다. 이에 풀지 말고, 끝까지 끌고 와서 푼다는 의미의 래깅 또는 레이트 히팅이 자주 언급된다.

캐스팅이나 스쿠핑 현상은 손의 힘만으로 임팩트하려 할 때, 얼리다운스윙에서부터 손과 어깨 힘이 과사용되면서 나타나는 현상이다. 이를 단순히 손목 문제로 해석해선 안 된다. 몸통 회전과 함께 힘이 써지는 과정을 해석해야 효과적으로 교정할 수 있다.

손목 풀림 동작을 위한 연습 방법

연습 방법

1. 손목의 힘을 뺀 상태로 팔을 좌, 우로 움직여 손목을 흔들어 본다.
2. 몸통 회전의 범위를 점차 늘려가면서 1. 동작을 함께 수행한다.
3. 스윙의 하프라인 범위만큼 스윙하면서 1. 동작을 함께 수행한다.
4. 손목의 힘이 빠진 움직임이 무엇인지 기억해 둔다.
   (민첩하거나 빠른 형태의 움직임이 아니다)

손목의 힘을 빼고 좌우로 팔을 움직이며 손목을 흔들어 본다.

그림 148 손목 풀림 연습

하프라인의 스윙으로 공을 약하게 쳐 보면서 손목과 클럽의 움직임을 연습해 본다.

미드백스윙

팔로스루에서 왼팔이 몸통에 붙지 않도록 주의하고, 손목 힘을 풀고 스윙 동작을 해 본다.

팔로스루

하프 라인

그림 149 몸통 회전 속도를 높이기 위한 연습 방법

※ 손목 풀림 방향을 이해해야 한다

임팩트 존에서 올바른 손목 풀림 방향이 있다. 올바른 손목 풀림은 임팩트 시점에서 왼 손목과 오른 손목 풀림 방향이 다르다(아래 표 참고). 팔로스루가 아닌 임팩트 시점에 오른 손목 굽힘 동작이 나타난다면 스쿠핑 동작이 나타날 수 있다.

다운스윙 구간별 손목 움직임 방향

스윙 구간	왼 손목	오른 손목
다운스윙 (얼리, 미드)	손목의 회전(Cocked) 상태 유지	최대의 뒤로 젖힘(Fully Extension) 자세가 점진적으로 풀림
임팩트 시점	손목의 회전 상태가 리면서(Uncocked), 약간의 손목 아래로 내리기(Ulnar Deviation) 동작 함께 발생 약간의 왼 손목 굽힘(Flexion) 자세 발생	손목은 중립(Neutral) 자세보다 약간 뒤로 젖힘(Extension) 자세로 유지됨 약간의 손목의 아래로 내리기(Ulnar Deviation) 동작 발생
팔로스루	손목의 중립(Neutral) 자세가 발생 약간의 뒤로 젖힘(Extension) 자세 발생	약간의 굽힘(Flexion) 동작과 함께 손목의 아래로 내리기(Ulnar Deviation) 동작 발생

손목 움직임 방향

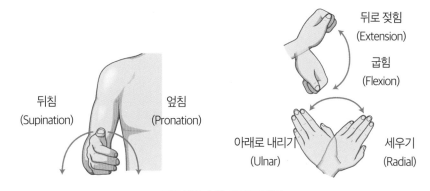

그림 150 손목 움직임 방향

2) 충격(임팩트)의 과정

① 몸통의 회전은 계속된다

임팩트가 이뤄지는 과정에서도 몸통의 회전은 계속 진행된다. 다운스윙의 시작부터 임팩트 과정을 지나기까지 몸통은 계속 회전되고 있다.

피니시까지 몸통은
계속 회전한다는
의도가 필요함

그림 151 몸통 회전 구간

② 클럽 헤드의 움직임

충격량을 크게 하기 위해서는 클럽 헤드가 임팩트 존에서 어떻게 움직여 공과 부딪히는지에 대한 이해가 필요하다.

충력량을 크게 하기 위한 조건은 속도와 접촉시간이지만, 현실적으로 접촉시간의 증가는 불가능하다. 이에 최대의 속도에서 클럽 헤드의 무게중심과 공이 최대한 일치해 부딪히는 것(그림 153)이 중요하다.

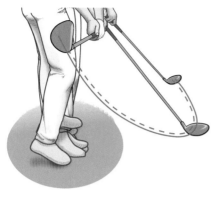

그림 152 클럽 헤드 움직임과 스윙 궤적

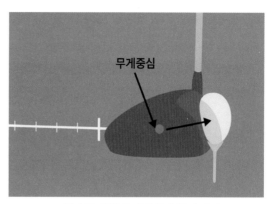

무게중심

그림 153 클럽 무게중심과 공의 타점

③ 클럽 헤드는 손이 아닌 몸동작으로 움직인다

일반적으로 백스윙에서는 헤드가 열리고, 임팩트 직후에는 헤드가 닫혀야 공의 방향성과 임팩트 정타에 도움이 된다고 알려져 있다. 이를 조절하기 위해서 임팩트 직후 왼손바닥이 하늘을 보듯 바깥으로 돌려 회전하라고 표현하기도 한다.

이러한 표현은 오히려 손을 많이 사용하게 하는 왜곡된 표현일 뿐, 실제 헤드를 원하는 타이밍에 움직이는 것은 어렵다.

헤드가 원하는 타이밍에 열리고 닫히는 움직임은 손보다 올바른 회전 방향과 몸동작이다.

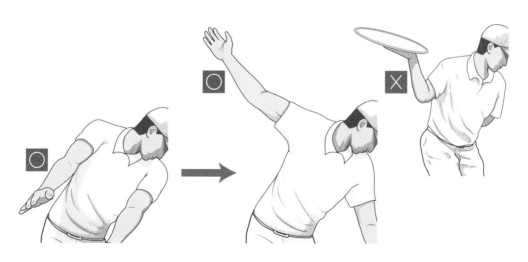

그림 154 백스윙 동작에서 오른손 동작

오른손 한 손으로 백스윙을 해 보면, 몸통의 회전 방향으로 움직이는 것을 알 수 있다. 이 과정에서 헤드는 열리는 듯 보인다.

다운스윙 동작에서도 몸통의 회전에 의해 오른손바닥은 점진적으로 타겟을 향해 오다가 임팩트 구간이 지나면서 몸통 회전과 함께 손끝이 타겟을 향하는 것이 올바른 다운스윙 이미지이다.

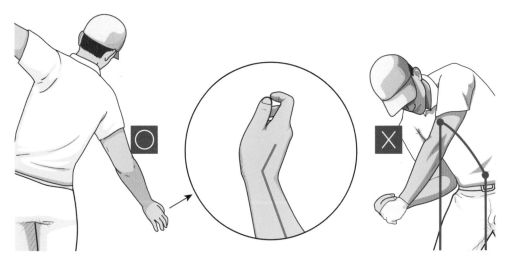

그림 155 다운스윙 동작에서 오른손 동작

※ 오른 손목이 쟁반을 받친 상태로 내려오다가 임팩트 직후 덮듯이 회전하는 것이 아니며 이러한 동작은 오히려 임팩트 효율을 떨어트린다.

올바른 충격량을 위한 연습 방법

연습 방법

1. 손을 회전하지 않고, 몸통의 회전으로 하프라인 범위만큼 백스윙을 한다.
2. 손을 회전하지 않고, 몸통 회전으로 팔로스루를 한다.
3. 손목의 힘을 최대한 빼서 헤드가 어떻게 움직이는지 이해한다.
4. 위의 과정을 반복하며 정타 맞추는 연습을 한다.

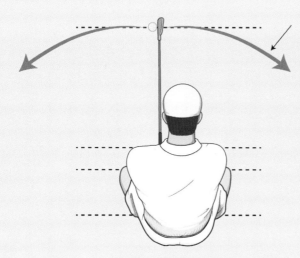

녹색라인의 방향으로 헤드를
움직일 때 손을 사용하는 것
이 아닌, 몸통의 회전으로 움
직인다.

다운스윙도 손이 아닌 몸통
회전을 통해 녹색라인 방향
으로 헤드를 움직여 본다.

그림 156 임팩트 과정에 대한 이미지 연습

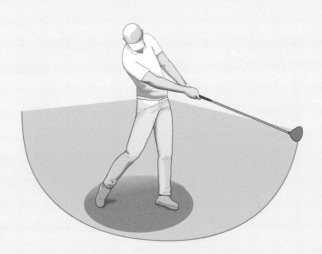

그림 157 정타 맞추기 위한 연습

점진적으로 스윙 크기를 늘려 하프라인 범위에서 정타 맞추기 연습을 한다.

3) 스윙의 크기(아크)

① 팔의 간격이 유지된다

팔의 간격은 백스윙-다운스윙-팔로스루 방향까지 스윙 내내 지속된다. 스윙의 아크가 커진다는 의미는 헤드 끝의 움직임 범위가 넓다는 것이다.

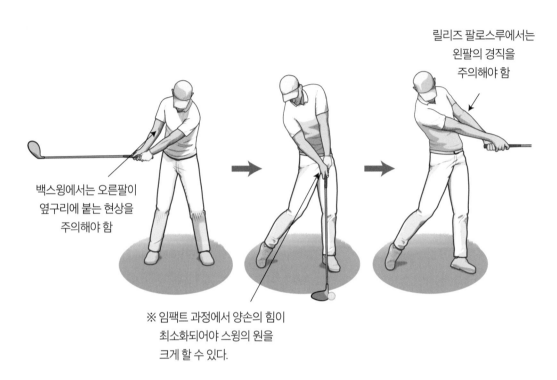

릴리즈 팔로스루에서는 왼팔의 경직을 주의해야 함

백스윙에서는 오른팔이 옆구리에 붙는 현상을 주의해야 함

※ 임팩트 과정에서 양손의 힘이 최소화되어야 스윙의 원을 크게 할 수 있다.

그림 158 스윙 회전 크기가 커지기 위한 조건

※ 스윙 범위 크게 하기

몸의 회전력이 올바르게 작용하고, 팔의 힘이 조절될 때 헤드의 무게는 적극 활용될 수 있다.

스윙 크기를 위해서 상대적으로 다운스윙 때 몸통에 팔을 최대한 붙이며 내려오거나 팔로스루를 넓게
만들기 위해 왼팔을 과도하게 펴면서 팔을 내미는 동작은 전혀 효과적이지 못하다.

팔을 몸통 방향으로
좁히지 않는다고 해서
멀어져 내려오는 것이
아니다.

팔꿈치를 옆구리에
붙이려는 의도는
스윙 회전에
도움이 되지 않는다.

그림 159 팔의 간격과 보이는 현상의 차이

② 릴리즈와 팔로스루를 위한 특별한 팔 회전 동작은 없다

릴리즈 동작과 팔로스루는 손목 풀림 동작 그리고 왼팔 힘 최소화, 올바른 몸통의 회전력에 의해
자연스럽게 발생한다.

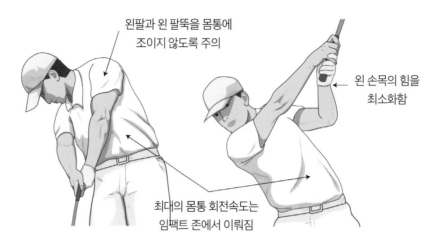

왼팔과 왼 팔뚝을 몸통에
조이지 않도록 주의

왼 손목의 힘을
최소화함

최대의 몸통 회전속도는
임팩트 존에서 이뤄짐

그림 160 릴리즈와 팔로스루의 조건

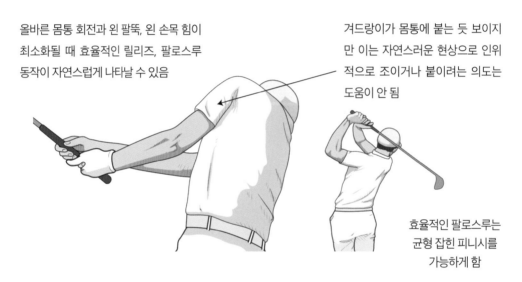

올바른 몸통 회전과 왼 팔뚝, 왼 손목 힘이
최소화될 때 효율적인 릴리즈, 팔로스루
동작이 자연스럽게 나타날 수 있음

겨드랑이가 몸통에 붙는 듯 보이지
만 이는 자연스러운 현상으로 인위
적으로 조이거나 붙이려는 의도는
도움이 안 됨

효율적인 팔로스루는
균형 잡힌 피니시를
가능하게 함

그림 161 릴리즈와 팔로스루의 자연스러운 현상

올바른 릴리즈와 팔로스루 동작은 균형 잡힌 피니시로 이어진다.

과거 임팩트 릴리즈, 팔로스루 과정에서 왼팔이 회전된다고 해석했지만, 신체의 기능 면에서 살펴보면, 왼 손목은 임팩트 과정부터 굽힘 방향으로 작용해야 팔에 불필요한 부하가 걸리지 않아, 몸통의 회전과 클럽의 효율적인 작용을 이어가게 한다.

스윙의 크기를 키우기 위한 연습 방법

연습 방법

1. 팔로스루에서 클럽 끝을 최대한 멀리 두려 노력하지만 팔의 힘은 최대한 뺀다.

2. 왼발을 딛고, 몸통의 회전력을 최대한 활용한다.

3. 스윙의 하프라인 범위까지의 스윙을 반복한다.

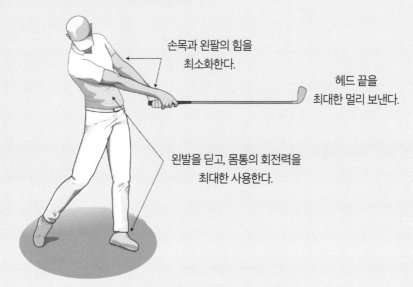

손목과 왼팔의 힘을
최소화한다.

헤드 끝을
최대한 멀리 보낸다.

왼발을 딛고, 몸통의 회전력을
최대한 사용한다.

그림 162 연습에서 집중해야 하는 포인트

점진적으로 스윙 크기를 늘려가며 몸통 회전과 스윙 속도를 증가시킨다.

반복 스윙 연습을 통해 몸통의 회전력을 향상시킨다.

임팩트 존에 대한 그 밖의 이야기

1) 뒤에서 쳐야 한다는 표현의 의미 바로 알기

공을 뒤에서 쳐야 한다는 표현은 비디오 분석이나 타인의 시각에서 비롯된 표현이다. 공을 뒤에서 친다는 이미지가 잘못 인식되면 무게중심 이동과 몸통 회전을 방해하는 주요인이 될 수 있다. 공을 뒤에서 치는 동작은 무게중심 이동과 몸통 회전을 올바르게 수행할 때 자연스럽게 나타나는 현상으로 실제 수행하는 동작이 아니다.

몸통 회전과 무게중심 이동이 쉽게 이루어지지 않는 초보 골퍼들에게 주로 공을 뒤에서 쳐야 한다고 하지만 이는 수행 동작을 설명한 것이 아닌, 보여지는 현상을 표현한 것으로서 올바른 동작을 해야 공을 뒤에서 치는 듯한 모습이 자연스럽게 현상으로 나타날 수 있다.

2) 머리를 뒤에 두어야 한다는 표현의 의미 바로 알기

머리를 뒤에 두어야 한다는 표현은 공을 뒤에서 친다는 표현과 같은 의미이다. 머리를 뒤에 두는 듯한 모습 또한 자연스러운 현상이다.

무게중심 이동이 올바르게 수행되지 않고, 지면 누르는 힘이 약화하면 다운스윙에서 상체와 머리가 몸의 무게중심보다 앞서 작용하면서 머리가 앞으로 튀어나가는 듯한 현상, 팔이 먼저 사용되는 듯한 현상, 팔이나 상체 위주의 스윙 등 다양한 현상이 나타난다. 이를 보정하기 위해 머리를 뒤에 두어야 한다고 표현되지만, 단순히 머리를 뒤에 두는 것만으로 교정할 수 없다.

팔로스루 구간에 대한 그 밖의 이야기

1) 치킨윙이 발생한다

팔로스루에서 일명 치킨윙 현상을 교정하려는 골퍼가 많다. 치킨윙 현상을 교정하기 위해 왼팔을 뻗거나 회전시키려는 시도를 하지만 쉽게 교정되지 않는다.

2) 팔로스루의 치킨윙 현상은 다음과 같은 원인으로 나타난다

① 백스윙에서 올바른 복부 작용이 발생하지 않음

② 다운스윙에서 왼쪽 복부 회전 작용이 발생하지 않음

③ 다운스윙에서 몸통 회전이 제한되어 발생하지 않음

치킨윙 현상이 나타나는 원인을 파악하고 이를 교정하는 것이 가장 효과적이다.

3) 치킨윙 교정 방법

몸통의 회전이 제한된 상태에서 왼팔을 바깥으로 회전(뒤침/Supination)하려 하면 매우 불편한 것을 느낄 수 있다. 오히려 몸통이 회전될 때 왼팔의 움직임도 자연스럽게 나타날 수 있다.

몸통 회전과 팔동작을 복합적으로 이해하는 것이 치킨윙을 효과적으로 교정할 수 있다.

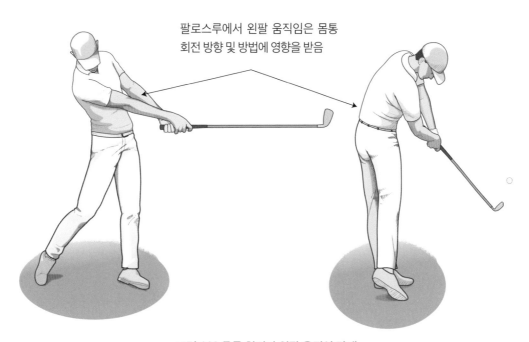

팔로스루에서 왼팔 움직임은 몸통
회전 방향 및 방법에 영향을 받음

그림 163 몸통 회전과 왼팔 움직임 관계

내려치기(Down blow)와 올려치기(Upper blow)의 의미

일반적으로 아이언 샷은 내려치는 다운블로 임팩트, 드라이버는 올려치는 어퍼블로 임팩트가 이뤄져야 한다고 표현한다. 하지만 이는 클럽 길이와 로프트 각도에 의해 어드레스, 볼의 위치(Position)가 달라지면서 회전축과 회전 반경의 차이로 발생하는 자연스러운 현상이다.

만약 아이언 샷을 내려치려는 의도로 스윙한다면 올바른 클럽 로프트 활용이나 스윙 궤도를 이루는 데 전혀 도움이 되지 않는다. 또한 드라이버 스윙에서도 올려치려는 의도를 갖는다면 몸통의 회전력을 활용하는 것이 아닌 배치기 동작을 만드는 주요 원인이 될 수 있다.

다운블로 또는 어퍼블로는 클럽 길이와 로프트에 따라 바뀌는 자연스럽게 현상으로, 스윙의 원리나 회전 방법은 다르지 않다.

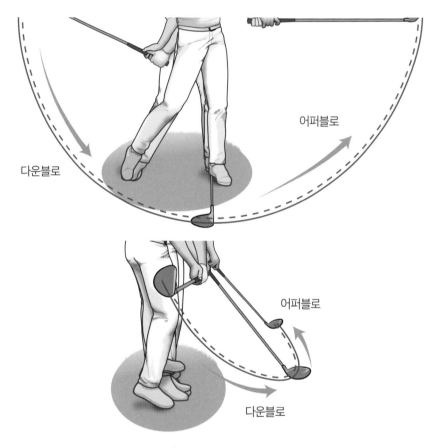

어퍼블로

다운블로

어퍼블로

다운블로

그림 164 다운블로와 어퍼블로

다운스윙과 임팩트 위치로 스윙 해석하기

다운스윙과 임팩트 위치를 통해 스윙 과정을 해석할 수 있다.

1) 손목 풀림 여부
2) 뒤땅 또는 탑핑성 임팩트 컨택
3) 클럽 페이스 면적에 공 컨택 위치

1) 손목 풀림 여부

임팩트 존에서 손목 풀림이 발생하지 않는다면

① 헤드 스피드 대비 비거리가 떨어진다.

② 헤드가 열려서 맞는 임팩트가 지속적으로 나타난다.

③ 공의 회전량이 높다.

※ 확인 사항

① 테이크어웨이 과정에서 손동작 확인

② 미드백스윙 과정에서 몸통 회전 동작 확인

2) 뒤땅 또는 탑핑성 임팩트 컨택

공 컨택 시 뒤땅 또는 탑핑이 발생한다면

① 임팩트 전에 손목 풀린다.

② 백스윙 회전이 적고 들어 올리는 듯한 동작이 나타난다.

③ 다운스윙에서 몸의 회전이 없어, 배기치 나 일어나는 동작이 나타난다.

※ 확인 사항

① 테이크어웨이 과정에서 손동작 확인

② 미드백스윙 과정에서 몸통 회전 동작 확인

③ 탑스윙에서 다운스윙 시작 시 몸통 회전 동작 확인

3) 클럽 페이스 면적에 공 컨택 위치

클럽 페이스에 공이 맞는 위치로 확인

① 클럽 페이스에서 힐(Heel) 쪽에 맞는다.

② 중앙 아래쪽으로 맞는다.

③ 클럽 페이스 앞쪽인 토우 방향에 맞는다.

※ 확인 사항

① 테이크어웨이 과정에서 손동작과 미드백스윙 시 몸통 회전 동작 확인

② 테이크어웨이, 미드백스윙 동작과 다운스윙에서 손목 풀림 동작 확인

③ 백스윙에서 몸통 회전 동작 확인

그림 165 임팩트 존

다운스윙 방법에 대한 오해와 진실

1) 다운스윙 움직임 순서(Sequence)

통상적으로 다운스윙 움직임 순서는 하체 → 몸통 → 팔 → 클럽 순이다.

이는 신체의 근육 작용을 해석한 것이 아닌 눈에 보이는 현상을 설명한 것이다. 실제 다운스윙 움직임 순서에는 기능학적인 근육 작용과 움직임 순서가 있다. 이에 대한 올바른 이해가 헤드 스피드 향상 및 임팩트 정확성에 도움이 된다.

그림 166 전통 골프 다운스윙 움직임 순서

일반적으로 야구 피칭 동작, 창던지기 동작, 핸드볼, 원반던지기 등의 운동에서 움직임 순서는 하체, 몸통, 팔이다.

탑스윙에서 미드다운스윙 이전   미드다운스윙   임팩트

그림 167 재해석된 다운스윙 움직임 순서

이에 골프 스윙의 다운스윙 움직임 순서도 창던지기 움직임과 유사하다고 여겨졌다. 하지만 2020년쯤에 발표된 골프 운동역학 연구자료에 의하면, 효율적인 다운스윙 신체 움직임은 왼쪽 다리와 왼팔의 각운동량이 최대가 되고, 미드다운스윙 이후부터 몸통과 오른 다리 각운동량이 최고조에 도달한다고 하였다. 또한 야구 피칭 동작이나 테니스 서브 동작 또는 창 던지기와 같은 한 손 사용 움직임 순서와 양손이 사용되는 다운스윙 움직임 순서에는 큰 차이가 있다고 하였다. 또한 임팩트 시점에 마지막 움직임 순서인 클럽의 움직임이 헤드 스피드에 영향을 미칠 거라는 해석과 다르게 몸통 움직임이 헤드 스피드에 가장 주요한 요소라고 주장하였다. 종합하면 지면을 누르는 힘이 가장 강해지는 구간인 미드다운스윙 구간까지 왼쪽 다리 움직임이 중요하다는 견해가 타당하며, 최대 헤드 스피드를 내기 위해서는 미드다운스윙 이후 몸통 회전과 오른 다리의 작용이 중요하다는 견해가 가장 설득력이 있다. 따라서 다운스윙 움직임 순서는 기존 설명대로 하체, 몸통, 팔, 클럽이 아닌 비틀림 힘을 발현하는 신체의 움직임 시스템 작용이라는 새로운 관점을 토대로 재정립이 필요하다.

2) 힙의 감속과 가속

다운스윙의 속도를 향상시키기 위해 힙이 빠르게 회전되어야 하고, 이후 힙의 감속이 필요하다고 하였다. 이에 다운스윙 시작 시 왼쪽 힙을 빠르게 회전시키려 했고, 이후 힙을 급작스레 멈추려는 시도도 이뤄졌다.

하지만 이해해야 하는 것은 힙의 감속은 올바른 무게중심 이동과 함께 왼발로 지면을 강하게 누르는 작용으로 자연스럽게 발생하며, 몸통의 가속 또한 복부 근육 작용에 의해 발생하기 때문에 의도적인 힙의 움직임은 단발적으로 가능할 뿐 지속하기 어렵다. 또한 왼발 작용 없이 힙을 빠르게 회전시킨다면 힙의 회전속도는 증가할 수는 있지만, 실질적인 헤드 스피드 증가나 공의 방향성에는 전혀 효과적이지 못하다. 잘못된 힙 멈춤 동작 또한 에너지 전달을 단절시키는 잘못된 움직임을 만들 수 있다. 효율적인 움직임을 위해서는 다운스윙 움직임 순서를 바르게 이해해야 하며, 신체의 자연스러운 움직임 현상을 잘못 해석하거나 왜곡한다면 다운스윙의 효율은 떨어진다.

신체 움직임 시스템과
골프 스윙

신체 움직임은 전신이 통합적이고 유기적으로 연결되어 움직인다. 골프 스윙도 적절한 전신 연결 연쇄 작용(Chain Reaction)의 근육 시스템을 활용해야 효과적으로 스윙을 할 수 있다. 각 신체 부위가 어떠한 작용과 조합을 통해 유기적으로 연결되어 움직이고, 작용하는지 대표적인 신체 부위와 시스템에 대해 세밀하게 살펴보고자 한다.

신체의 올바른 자세와 스윙 관계

신체의 올바른 자세란, 서 있는 자세를 정면에서 보았을 때 양쪽 어깨, 골반, 무릎, 발목의 복사뼈가 서로 평행을 이루고, 측면에서 보았을 때 어깨 중심, 엉덩 관절 그리고 발목의 복사뼈를 잇는 수직선이 직선 상태일 때다. 이는 좌, 우, 위, 아래의 근육들의 강도가 적절하게 균형을 이룬다는 것을 의미하며, 골프 스윙과 같이 전신 움직임을 통해 에너지를 사용할 때 연쇄 작용을 순조롭게 할 수 있다.

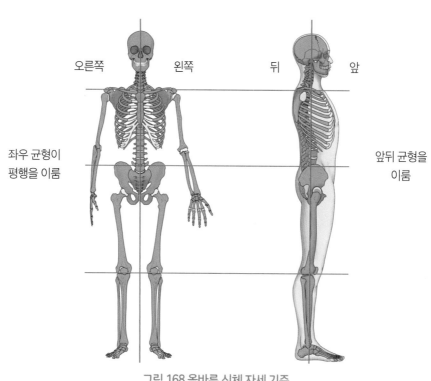

그림 168 올바른 신체 자세 기준

골프 스윙에서 올바른 신체 자세의 중요성	
올바른 신체 자세의 이점	1. 통증 유발을 막는다. 2. 장래 건강을 이롭게 한다. 3. 호흡 체계를 돕는다. 4. 정신적 건강을 이롭게 한다. 5. 집중력을 향상시킨다.
잘못된 신체 자세가 미치는 영향	1. 신체 불균형을 초래한다. 2. 신체 통증을 더욱 증가시킨다. 3. 요추나 팔꿈치, 팔 등의 통증을 유발한다. 4. 뇌의 명령에 의한 신체 움직임을 원활하지 못하게 하여 동작이나 자세를 방해한다.
골프 스윙에서 올바른 신체 자세 역할	1. 안정된 목 회전을 할 수 있다. 2. 에너지 전환을 이롭게 한다. 3. 허벅지 근육의 짧아지는 현상(Hamstrings Tightness)을 예방한다(허벅지 근육이 짧아지면 어드레스 자세를 방해함). 4. 힙 움직임 범위를 원활하게 하고, 몸통의 회전을 증기시켜 정확하고 일정한 스윙 자세와 헤드 스피드에 긍정적인 영향을 미친다.
잘못된 자세의 원인	1. 스트레스 2. 잘못된 기술이나 자세 3. 다른 부위의 신체 통증
잘못된 자세가 일으키는 부상	1. 요추(Low back) 통증 2. 팔꿈치(Elbow)나 팔 부분(Wrist) 통증

반복된 스윙 동작으로 근육 불균형이 발생하게 되면, 왼쪽 어깨보다 오른쪽 어깨가 상대적으로 낮거나 둥근 어깨 현상, 능형근의 좌, 우 불균형적 강화 또는 좌, 우 골반의 높이(Tilt)가 다르거나 비틀리는(Torsion) 등의 불균형적 자세가 발생한다.

만약 이 상태에서 아무런 처치 없이 골프 스윙만 한다면 통증을 유발하고 만성통증과 자세 틀어짐을 더욱 악화시켜 부상 위험도가 높아진다. 신체 자세를 바르게 하기 위해서는 항중력 근육 강화가 필요하다.

근육 작용과 스윙 자세와의 관계

근육은 수축과 이완의 균형을 이뤄 신체를 움직이는데, 근육의 수축과 이완은 관절 각도와 관계를 이룬다. 예를 들어 팔을 어느 각도만큼 굽히는지 또는 굽혀지는 속도에 따라 근육의 수축 정도나 방법이 달라진다. 따라서 자세와 움직이는 속도는 근육 작용과 관계가 있다.

어드레스 자세로 예를 들어 살펴보면, 어드레스에서 사용(수축)되는 근육들은 전경골근(Tibialis anterior), 대퇴사두근(Quadriceps), 고관절 굴곡근(Hip flexors), 엉덩 근육(Gluteus), 척추 기립근(Erectors), 복부(Abdominales), 가슴 근육(Pectoralis) 등이 있다. 하지만 골퍼는 이러한 근육들을 모두 의식해서 어드레스 자세를 취하지 않는다. 근육은 연결 연쇄 작용하기 때문에 올바른 자세에 따른 복부 근육과 엉덩 근육의 긴장(수축)을 의도하는 것만으로도 전경골근, 대퇴사두근, 고관절 굴곡근, 척추 기립근, 가슴 근육까지 자연스럽게 연결 연쇄 작용하게 된다. 하지만 부적절한 자세를 취하게 된다면 근육 작용들은 다른 부위로 연결되면서 불필요한 힘이 발생하게 되고 이는 원치 않는 형태의 스윙 모습을 야기한다. 비효율적인 움직임을 예방하기 위해서는 핵심적으로 어디에 어떻게 힘을 주어 자세를 취하고, 의도하는지가 중요하며 이는 스윙의 효율성 향상과 부상 예방에 효과적이다.

그림 169 근육은 수축과 이완으로 균형을 이룸

신체의 연결 연쇄 작용(Chain Reaction)과 골프 스윙

　신체의 움직임이나 에너지 효율성을 이해하기 위해 근골격의 해부학적 구조나 기능에 대한 집중을 넘어 신체의 연결 연쇄 작용(Chain Reaction)으로 주제가 넓혀졌다. 대체 의학(Alternative Medicine)에서는 근육을 둘러싼 근막의 역할에 집중하여 신체의 움직임을 더욱 깊이 있게 해석하고 있다.

　근막은 거미줄처럼 연결되어 있어 혈관과 신경처럼 정보를 서로 주고받는다. 정보 전달의 속도는 신경계의 약 3배 이상 또는 음속처럼 빠르기도 하지만 상태에 따라 매우 느릴 수도 있다. 근막은 신경 종말이 풍부하게 분포되어 수축하거나 탄력적인 신전 능력이 탁월하여 모든 신체 움직임과 관계되고 순환계 기능과 자세 균형을 호전시키는 능력이 있어 근막의 기능으로 신체 움직임을 바라보고 해석하는 것이 효과적이다. 이에 단순 근골격 해부학보다 복합적 기능 즉, 신체 연결 연쇄 작용으로 신체 움직임을 해석해야 이에 맞는 동작 학습 또는 트레이닝을 계획할 수 있으며, 실질적으로 도움이 될 것이다.

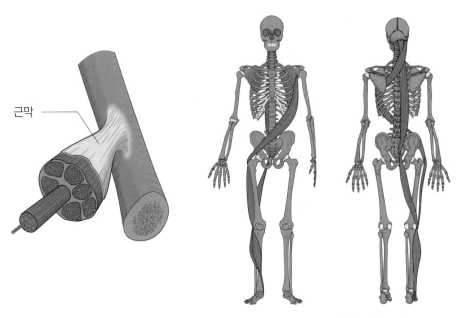

근막

그림 170 근막 구조　　　　　　　그림 171 연결 연쇄 작용하는 근막

근막 경선 해부학 또는 나선형 근막 경선 등 근막의 기능이 어떻게 연결 연쇄 작용을 하는지 연구를 시작한 이래, 매우 다양한 기능들이 보고되었다. 그중 신체의 회전운동은 복부를 중심으로 연결 연쇄 작용할 때 회전을 효율적이고 우수하게 하여 기능에 도움이 되는 것으로 알려졌다.

복부를 중심으로 작용하는 사선 시스템(Oblique sling system)은 기원이나 출처가 정확히 확인되지 않지만, 1900년대 초 근육과 관절 운동에 의해 조절되는 나선형 운동 시스템이 소개되면서 개념과 효과가 알려지기 시작했다. 이후 1900년 중반 사선 시스템은 피봇 포인트로 언급되면서 현재까지 신체 트레이닝 분야에 활용된다.

몸의 앞쪽과 뒤쪽 부분을 가로지르는 힘이 어떻게 전달되는지 명확히 보여 주는 사선 시스템의 핵심은 근육과 건은 근막에 의해 연결되고, 근육은 나선형 경로를 따라 배열되어 서로 연결되면서 근육군들끼리 짝을 이루어 작용한다는 것이다. 예를 들어 오른쪽 엉덩근은 왼쪽 광배근과 짝을 이루어 작용하는 것이다.

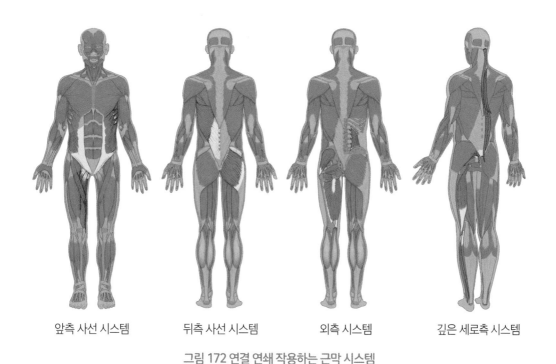

앞측 사선 시스템   뒤측 사선 시스템   외측 시스템   깊은 세로측 시스템

그림 172 연결 연쇄 작용하는 근막 시스템

골프 스윙과 같은 회전운동을 이해하기 위해서는 사선 시스템에 대한 이해가 필요하다. 사선 시스템은 크게 4가지로 분류되는데, 앞측 사선 시스템(Anterior oblique system), 뒤측 사선 시스템(Posterior oblique system), 깊은 세로측 시스템(Deep longitudinal system), 외측 시스템(Lateral system)이 있다. 한편, 스윙에서 팔의 작용은 빼놓을 수 없으며, 팔이 어떻게 작용하는지에 따라 사선 시스템에 영향을 미친다. 따라서 팔 시스템(Deep arm line)에 대한 이해도 필요하다.

4가지의 사선 시스템은 부분적으로 나눠 작용하는 게 아니라 동시에 수축과 이완으로 작용해 어떤 시스템이 가장 중요하다고 설명할 수는 없다. 사선 시스템의 전반적 이해는 스윙 동작을 어떻게 수행하는 것이 효과적인지 이해하는 데 도움이 된다.

앞측 사선 시스템(Anterior oblique system)

앞측 사선 시스템은 신체 앞쪽의 복부(외복사근)에서 사선 방향 즉, 반대 방향의 허벅지 안쪽 내전근(Adductor)까지 연결된다.

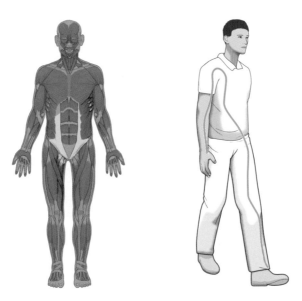

그림 173 다양한 신체 동작과 전방 사선 시스템 작용

몸이 앞으로 나아가는 동작을 보면, 왼발이 몸 앞으로 나아간 후 동시에 오른쪽 복부(외복사근) 와 오른쪽 대흉근 및 어깨로 힘이 연결되면서 회전하며 목표한 움직임이 발생한다. **골프 스윙에서 는 다운스윙 시 몸통 회전에 관여하여 강한 파워와 회전력 형성에 핵심적인 기능을 한다.**

앞측 사선 시스템 활성화와 작용 방향 이해

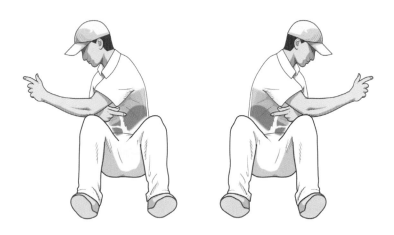

그림 174, 175 앞측 사선 시스템 작용 이해

앞측 사선 시스템을 활성화하기 위해서는 복부를 회전하며 수축하는 외복사근 트레이닝이 필요 하다.

뒤측 사선 시스템(Posterior oblique system)

뒤측 사선 시스템은 몸통의 뒷면인 엉덩이에서 반대 방향의 광배근을 지나 어깨까지 연결된다. **백스윙 동작과 팔로스루 피니시 동안 뒤측 사선 시스템은 안정적인 척추와 몸통 회전에 관여 한다.**

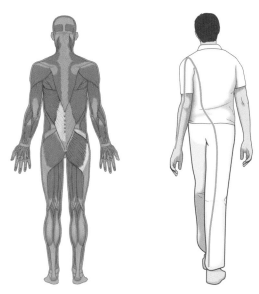

그림 176 뒤측 사선 시스템 작용

깊은 세로측 시스템(Deep longitudinal system)

깊은 세로측 시스템은 척추의 기립근에서부터 반대 방향의 엉덩근을 지나 다리 근육까지 연결된다. 지면에 발을 딛는 모든 과정에서 작용하며 요추와 하부를 안정화시킨다.

골프 스윙에서 깊은 세로측 시스템은 스윙 중 지면을 딛는 발에서 몸통으로 에너지가 전달되게 하며 요추와 골반 하부에 안정성을 제공한다. 만약 허벅지 뒤쪽 근육에 짧아짐 현상이 발생하게 되면 비효율적인 움직임과 함께 요추 통증을 야기할 수 있다.

외측 시스템(Lateral system)

외측 시스템은 발을 딛는 과정에서 중둔근과 소둔근, 내전근이 수축하고 반대 방향의 요방형근이 수축하면서 골반의 수평을 유지하여 골반과 몸통을 안정화시킨다.

골프 스윙에서 외측 슬링은 스윙 시 흔들림과 슬라이딩 및 에너지 손실을 예방하며 골반과 힙을 안정시키는 역할을 한다.

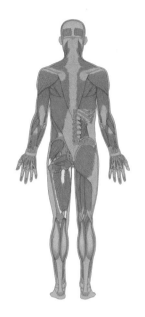

그림 177 깊은 세로측 작용   그림 178 외측 작용

※ 골프 스윙에서 사선 시스템 작용 효과

1. 스윙 동안 척추각 유지에 도움

2. 올바른 몸통 회전에 도움

3. 스윙 동안 어깨와 힙 균형에 도움

4. 다운스윙 동안 상하 회전 분리에 도움

5. 백스윙과 다운스윙 동안 무게중심 이동에 도움

6. 스윙 움직임 순서에 도움

7. 에너지 극대화에 도움

신체의 운동학습

골프는 'All Feel'이라 설명될 정도로 감각, 느낌, 리듬이 중요하다. 우리 신체에서 느낌과 감각은 매우 중요한 정보이다. 신체의 고유감각은 머리, 몸통, 팔, 다리 등 전신에 대한 감각과 지각을 의미하고, 방향, 위치, 속도와 근육 움직임에 대한 감각들을 중추신경계로 보내어 신체 움직임을 조절한다.

운동학습 과정

작은 움직임이라 해도 관절 간의 협응으로 하나의 동작이 완성되며 이러한 협응들은 고급화(능숙)되면서 시·공간적 고유의 속도와 타이밍이 발생하게 된다. 우리는 팔과 다리 혹은 몸통 움직임에서 발생하는 리듬과 타이밍들을 하나의 느낌으로 인지하고 지각하게 된다. 운동학습 과정에서 처음 동작을 접할 때 팔의 굽힘이나 들어 올리는 단순한 동작도 빨랐다 느렸다 좀처럼 마음대로 움직이지 않고 익숙하지 않다. 이는 관절 간의 움직임과 리듬, 타이밍이 불규칙하다는 것이다. 점차 시간이 흐르면서 불규칙했던 움직임들은 일정한 순서와 리듬, 타이밍이 생겨나고 이는 굽힘과 펴는 관절 간의 적절한 속도와 위치의 협응이 발생하게 된다. 이러한 현상을 관절 간의 협응이라 표현하며, 점차 시·공간적 고유의 속도와 타이밍이 발생할수록 불규칙했던 동작들은 점점 유연해지고 정교해지며 일정한 동작을 반복할 수 있게 된다. 운동학습은 이러한 과정을 통해 이뤄진다.

초보 학습자에게 다양하거나 방대한 방법이나 느낌을 제공하는 것은 운동학습에 효과보다 오히려 학습을 저해할 수 있으며, 숙련도가 높아질수록 다양한 정보를 제공하는 것이 운동학습에 효과적이다.

골프 스윙학습

아무런 정보가 제공되지 않은 상태에서 멈춰 있는 공을 치는 일은 생각보다 쉽지 않다. 관절들은 자유자재로 흐느적거리고 각기 다른 타이밍에 움직이기 때문에 멀리 보내는 것은 고사하고, 공을 맞추는 일 자체가 쉽지 않다. 이러한 이유로 처음 골프를 접하게 되면 양팔을 쭉 펴서 수행하는 일명 '똑딱 볼 치기' 과정을 겪는다. 불규칙한 팔 관절 움직임을 쭉 펴서 고정한 다음 연습을 통해 관절들의 적절한 순서와 움직임을 익힌다. 동작이 능숙해진 숙련자의 경우 동작을 배우는 운동학습의 의미보다 자세 제어 또는 자세 조절의 의미가 커지면서 더욱 정확한 정보가 중요하다. 학습자에게 조금 더 쉽게 정보를 제공하기 위해 **추상적 이미지나 느낌에 국한된 정보를 제공하기도 하지만 이러한 정보 형태에는 맹점이 있다. 골프 스윙과 같이 빠른 움직임에서는 관절 움직임을 모두 느끼거나 통제할 수 없으며 신체 컨디션에 따라 변화하기 쉽다.** 정밀하고 정교한 움직임에서 고유감각을 지속시키고 유지하는 일은 쉽지 않다. 이에 한 번의 스윙에서 느낀 느낌을 기억하려 한다면 시간이 흐를수록 동작의 본질을 잃을 수 있다. 골프 경기에서 'All Feel'은 움직임을 담당하는 뇌의 영역만 활성화되어 있음을 의미하며, 학습에서 'All Feel'은 명확한 정보를 바탕으로 반복적인 연습을 통해 관절의 움직임 순서와 리듬, 적절한 타이밍이 큰 틀에서 반복되고, 지속되도록 강화하는 것이다.

스윙의 중심을 이루는 코어 작용

강한 코어(Core)는 다양한 신체 움직임을 포함해 모든 스포츠 동작에서 중요하게 다뤄진다. 골프 스윙 동작에서도 코어는 매우 중요한데 코어란, 물체나 사물의 중심, 또는 핵심이라 정의된다. 우리 신체에서 코어는 상, 하체를 연결하는 부위로 복근을 떠올리기 쉽지만, 코어는 광범위의 코어와 좁은 범위의 코어로 분류된다. 광범위의 코어는 복근과 요추 주변 근육, 엉덩 주변 근육이 모두 포함된 부위를 의미하며 좁은 범위의 코어는 복부의 복근(4가지)을 의미한다. 기능적 측면에서 코어는 상체와 하체의 힘을 연결하는 파워하우스 역할을 한다. 이에 스윙에서 코어나 복근을 사용해야 한다는 표현이 자주 언급되지만, 코어가 어떻게 작용하는 것이 효과적인지 기본 준비 자세와 작용 방향에 대한 이해가 선행되어야 한다. 코어의 파워하우스 역할을 이해하기 위해서는 팔, 다리, 몸통의 전신 움직임과 연결되는 시스템에 대한 이해가 필요하다.

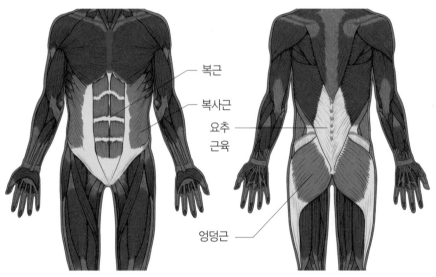

그림 179 광범위의 코어와 좁은 범위의 코어의 개념

스윙의 안정성과 힘을 전달하는 코어 작용은 중요하기 때문에 어드레스에서 피니시까지 스윙 전 구간에 걸쳐 언급된다. 하지만 막상 언제 어떻게 사용되고 작용하는지 정확한 설명이나 이해는 쉽지 않다. 여러 자료에 의하면 스윙 중 코어가 사용되는 구간은 다운스윙 또는 임팩트와 팔로스루다. 전신의 힘이 팔과 클럽을 통해 임팩트 순간 공으로 전달되므로 틀린 표현은 아니지만 약 0.3초 안에 이뤄지는 다운스윙과 임팩트 순간에 코어를 작용시킨다는 것은 가능한 일이 아니다. 다운스윙과 임팩트에서 코어가 효과적으로 작용하기 위해서는 연결 자세와 의도가 필요하다. 즉, 시작되기 전 코어 활성화를 위해 어드레스 자세부터 피니시 동작까지 효과적인 움직임이 필요하다.

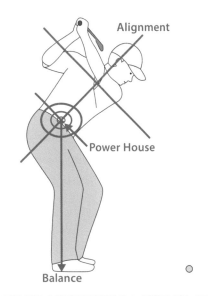

그림 180 스윙에서 파워하우스 역할을 하는 코어

※ 스윙 시작 전 코어 활성화를 위한 어드레스 자세

1. 골반 주변 근육을 결합하여 코어 활성화한다.
2. 배꼽을 살짝 척추 방향으로 당긴다. 마치 위쪽 복부를 당기는 느낌이다.
3. 당기는 힘은 배 쪽과 배 옆쪽도 작용한다.
4. 복부의 활성화는 척추의 중립 자세를 이끈다.

복근의 활성화는 척추의 중립 자세를 취하게 하여 상체(Upper back)가 굽혀지거나 골반이 한쪽으로 기우는 불필요한 자세를 예방한다. 골반이 물을 담는 그릇이라 상상하고 물이 앞이나 뒤로 쏟아지지 않는 상태를 떠올려 본다면 자세를 취하는 데 도움이 된다. 골프 스윙에서 코어에 해당하는 복근과 엉덩 근육, 요추 주변 근육 기능을 조금 더 명확하고 올바르게 인식해 보자.

좁은 범위의 코어

좁은 범위의 코어에 해당하는 근육은 복근으로 4개의 근육 복직근(Rectus abdominis), 외복사근(External abdominal oblique), 내복사근(Internal abdominal oblique), 복횡근(Transverse abdominis)으로 구성되어 있다.

좁은 범위의 코어(복근)

구분	위치 및 기능과 작용
해부학적 구조	복횡근, 복직근, 내복사근, 외복사근으로 이뤄져 있음
해부학적 기능	1. 하나의 팀으로 작용함 2. 굽힘(Flex), 옆으로 기울기(Lateral bend)를 가능하게 함 3. 몸통의 회전(Torso rotation)을 가능하게 함 4. 복근의 주요 기능은 자세와 체간의 안정화를 이루게 함
스포츠에서 코어	1. 코어의 안정화 및 몸통 움직임과 자세를 조절함 2. 역동적인 움직임에서는 뼈대보다 코어의 작용이 적극 활용됨 3. 빠른 속도, 반응에 의한 작용 그리고 파워를 담당함
골프 스윙에서 코어	1. 공을 멀리 보내는 데 중요한 역할을 함 2. 척추 자세를 유지함 3. 어드레스 자세의 안정화와 백스윙에서 몸통 회전, 다운스윙에서 몸통 회전을 비롯, 임팩트와 팔로스루 모든 동작에 관여함 4. 스윙 동안 효과적인 회전과 스윙에 필요한 파워 발생에 도움

복근의 기능과 역할

신체 부위	해부학적 기능 및 역할	골프 스윙에서 기능
복횡근 (Transverse abdominus)	압력을 유지시켜 장기 보호 몸통 안정성을 유지해 역동적인 팔다리 움직임을 가능하게 함	더 안정적이고 더 강한 척추 움직임이 가능하도록 함 이는 다른 근육들이 더 효율적으로 작용할 수 있도록 함
복직근 (Rectus abdominal)	몸통 굽힘 및 코어 안정화	파워와 코어의 안정성 (복직근의 약화는 얼리 익스텐션 동작을 발생시킴)
내복사근 (Internal obliques)	몸통과 척추의 회전 및 코어 안정화	몸통 측면 기울기(Ipsilateral trunk rotation), 백스윙 동작에서 오른쪽 작용, 다운스윙 동작에서 왼쪽 작용
외복사근 (External obliques)		대칭 몸통 회전(Contralateral trunk rotation), 백스윙 동작에서 왼쪽 작용, 다운스윙 동작에서 오른쪽 작용

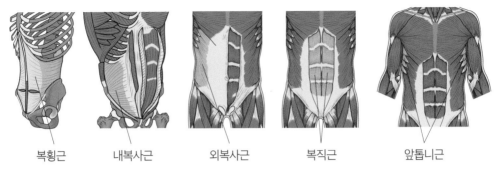

복횡근　　　　내복사근　　　　외복사근　　　　복직근　　　　앞톱니근

그림 181 좁은 범위 코어와 앞톱니근 위치

1) 복근의 작용

복근은 우리 신체에서 중심을 잡을 뿐만 아니라 몸의 힘을 외부로 분출할 때 에너지 집합 장소의 역할을 한다. 또한, 골반과 척추의 불균형적 변화를 예방하고, 신체 내부 장기를 보호하는 중요한 역할을 한다. 복횡근은 흉추와 척추, 골반 등 체간의 안정과 복압에 큰 역할을 한다. 내복사근과 외복사근도 복압에 관여하며 체간의 굴곡을 가능하게 한다. 내복사근과 외복사근은 대각선 즉, 사선으로 배열되어 있다(그림 182). 세 근육은 몸통을 좌우 방향으로 회전을 가능하게 하며, 흉곽 등이 중립할 수 있게 한다. 특히 골프 스윙에서 몸통 회전이 모든 구간에서 발생하기 때문에 내, 외복사근 역할이 중요하다. 탑스윙에서 다운스윙이 시작되는 트랜지션(전환) 구간에서 좌, 우의 내·외복사근에 강한 수축이 발생하게 된다. 복직근은 배꼽을 기준으로 위아래 직선으로 위치해 있으며, 체간 굴곡 및 복압상승에 영향을 끼친다. 특히 다운스윙에서 복직근은 몸을 앞쪽으로 굽히는 동작에 관여하며 이때 강한 굽힘 동작은 팔의 움직임과 깊은 관계가 있어 앞톱니근(Serratus anterior)의 발달도 필요하다. 앞톱니근이 발달하면 스윙의 안정성과 가동성을 높이는 데 매우 도움이 된다. 복근은 신체의 자세에도 영향을 미친다. 약한 복근은 골반의 위치와 척추의 구조를 변형시킬 수 있어 하부교차 증후군(Lower Body Cross Syndrome)의 주요 요인이 되기도 한다. 골프 스윙에서 어드레스, 백스윙, 다운스윙, 임팩트, 팔로스루 등 모든 구간에 중요한 역할을 하며 올바른 신체 자세를 취하는 데 직접적인 영향을 미친다.

2) 복사근(Obliques muscle)의 작용

골프 스윙에서 코어 근육 중 외, 내복사근의 작용은 중요하게 언급된다. 복사근은 복부에서 사선 방향으로 향해 있어 스윙 시 몸통을 효과적으로 회전하게 하여 강한 에너지를 발생시킨다. 이때 에너지 축적을 위해 백스윙의 테이크어웨이 구간에서 왼쪽 외복사근이 작용하며(오른손잡이 골퍼의 경우), 동시에 오른쪽은 내복사근이 작용한다. 다운스윙으로 전환되는 구간부터는 오른쪽 외복사근의 누르는 힘(Push)과 왼쪽 내복사근의 당기는(Pull) 작용을 통해 몸통 각속도 및 각운동량을 증가시켜 헤드 스피드 증가에 관여한다. 이러한 작용은 효과적인 지면반력(Ground Reaction Force)과도 연관이 있으며, 얼리다운스윙 구간에서의 스쿼트 자세(Squat position) 현상에도 영향을 준다. 결국 외, 내복사근은 스윙에서 올바른 회전과 강한 파워에 중요한 역할을 한다. 따라서 복사근 작용에 부합하는 스윙 자세가 필요하다.

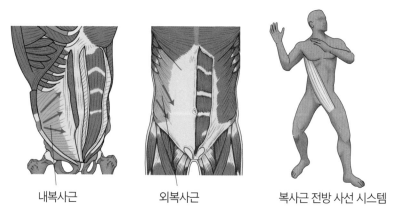

<table>
<tr><td>내복사근</td><td>외복사근</td><td>복사근 전방 사선 시스템</td></tr>
</table>

그림 182 복사근(Obliques) 위치와 작용 방향

복사근(Obliques muscle)의 작용

	기능 및 역할
해부학적 구조	**내복사근(Internal obliques)**: 복횡근 위 외복사근과 복직근의 아래에 위치해 있으며 대각선으로 배열되어 있음 **기시점**: 서혜인대의 외측1/2, 장골능 앞쪽 2/3, 흉요근막의 하부 **정지점**: 제10~12 늑골의 늑연골, 백선(Linea alba)
	외복사근(External obliques): 내복사근 위쪽에 위치해 있음 **기시점**: 제5~12 갈비뼈의 바깥면(External surfaces) **정지점**: 장골능선(Iliac crest)의 앞쪽 절반, 상전장골극(Anterior superior iliac spine), 제9 갈비뼈에서 상전장굴곡극(Anterior superior iliac spine)을 연결하는 건막(Aponeurosis), 백선(Linea alba)

해부학적 기능	내복사근(Internal obliques): 흉추(Thoracic spine)의 측면 굴곡, 요추 측면 굴곡, 몸통의 동측 굴곡 회전(Ipsilateral rotation), 몸통의 안정성
	외복사근(External obliques): 흉추(Thoracic spine)의 측면 굴곡, 요추 측면 굴곡, 몸통의 동측 굴곡 시 반대쪽 체간 회전(contralateral rotation), 몸통의 안정성
골프 스윙에서 기능	1. 하체에서 상체로 힘 전달에 중요한 역할을 함 2. 전환 구간(Transition)과 다운스윙에서 하체(Hips)와 상체(Shoulders)의 분리되는 움직임에 도움을 줌 3. 다운스윙에서 몸통을 목표 방향으로 이동시키며, 강한 비틀림(Coiling)을 발생하게 함 4. 다운스윙 동안 강한 파워를 생성하여 임팩트 존에 더욱 빠른 헤드 스피드를 발생시킴
	백스윙 구간: 테이크어웨이에서 왼쪽 외복사근 작용으로 몸통 오른쪽 회전과 완전한 백스윙(Complete backswing) 및 오른쪽 내복사근의 작용으로 몸통 오른쪽 회전 발생
	전환 구간 및 다운스윙 구간: 오른쪽 외복사근의 작용으로 누르는 힘 발생 및 스쿼트 자세 현상을 발생하게 함 오른쪽 내복사근의 작용은 다운스윙에서 타겟 방향으로 몸통을 회전시키며 왼쪽 내복사근은 다운스윙에서 왼쪽으로 몸통을 회전하게 함

광범위의 코어(엉덩근, 슬굴곡근, 척추 주변근, 요추 주변근)

1) 엉덩근(Hip, Gluteus)의 작용

엉덩이 근육은 둔근으로 불리며 소둔근(Gluteus minimus), 중둔근(Gluteus medius), 대둔근(Gluteus maximus)으로 이뤄져 있다. 가장 바깥쪽 근육은 대둔근으로 골반 후면에 부착되어 있고, 둔근 중 가장 크다. 때문에 큰 힘을 발휘할 때 많은 역할을 한다. 하체 근육에 40%를 차지하는 엉덩 근육은 허리와 무릎, 골반의 움직임에 영향을 미치며 올바른 하지 자세에도 영향을 미친다. 이에 둔근의 상태는 허리 및 하지 부상과 관련이 있다.

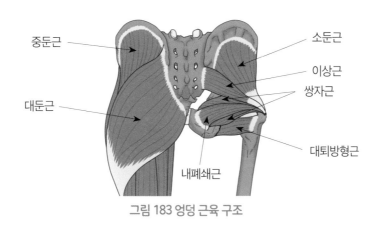

그림 183 엉덩 근육 구조

골프 스윙에서 대둔근은 오른손잡이 골퍼의 경우 백스윙 중 바깥 방향 회전(외회전)에 관여하며, 스웨이(Swaying) 동작을 예방하고 다운스윙에서는 슬라이딩(Sliding) 동작을 예방한다. 또한 중둔근의 경우 백스윙과 팔로스루 시 하체의 안정성에 관여해 스윙 동안 필요한 신체 자세를 유지하게 한다. 둔근은 탑스윙에서 잠재적 에너지(Potential Power)에 관여하며, 다운스윙에서는 몸이 펴지는(Early extension) 현상을 예방한다. 둔근의 강도가 지면을 누르는 힘의 원천으로 알려져 있으며, 클럽 헤드 스피드 및 거리와 직접적으로 관계를 이루기에 엉덩근 강화가 필수적이며, 복근과 함께 스윙에서 중요한 역할로 언급된다.

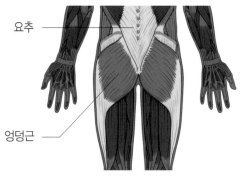

요추

엉덩근

그림 184 엉덩 근육과 요추

엉덩근의 작용

신체 부위	해부학적 기능 및 역할	골프 스윙에서 기능
고관절 굴곡근(Hip flexor), 장골근(Iliacus), 대퇴직근(Rectus femoris)	고관절 굽힘 작용	스윙에서 굽힘 자세를 유지하게 함
고관절 대내전근, 긴모음근, 단내전근, 치골근(Adductor Magnus, Longus, Brevis & Pectineus)	고관절 내전 작용	다운스윙으로 전환되는 과정에서 작용함 왼발(Lead leg)의 내전근은 임팩트 이후 무게중심 이동을 늦추는 역할을 함
대둔근(Gluteus maximus)	고관절 폄 작용과 외회전 작용	파워를 생성하고 스윙 동안 하체의 안정성을 유지함
중둔근(Gluteus medius)	고관절 외전 작용과 안정화 & 고관절 내, 외회전 작용	백스윙과 팔로스루 동안 안정성 역할 백스윙에서의 스웨이 동작과 다운스윙에서의 슬라이딩 동작을 예방함

대퇴근막장근 (Tensor fascia latae)	고관절 외전과 굽힘 작용과 고관절 내회전 작용	무게중심 이동과 하체의 안정화에 약간의 역할을 함
외회전근, 이상근, 내폐쇄근, 쌍자근(External rotators, Priformis, Obturator internus, Gemellia muscles)	고관절 외회전과 고관절 외전 작용	백스윙과 다운스윙 동안 엉덩근을 회전시키는 역할을 하며 엉덩근의 외회전과 내회전을 발생시킴

2) 슬굴곡근(Hamstrings)

슬굴곡근은 무릎과 힙 관절 사이에 위치해 있다. 슬굴곡근의 역할은 첫째, 엉덩 근육의 신장 (Hip extension)을 가능하게 하며 둘째, 엉덩 근육의 안쪽 회전과 바깥 회전(내, 외회전)과 내전 (Adduction)을 돕는다. 셋째는 무릎을 굽히고 펴는 것에 관여하여, 상체를 숙이거나 힙 관절 굽힘 동작을 가능하게 한다. 이에 슬굴곡근은 파워를 전달하는 중요한 전달자라 할 수 있다. 슬굴곡근의 기능 약화와 불균형은 하부 증후군(Lower cross syndrome)과 같이 골반 안정화에 부정적 영향을 미치게 되며, 파워 전달을 막는 역할을 할 수 있다. 따라서 슬굴곡근의 강화와 유연성은 파워 및 골반 안정화에 매우 중요하다. 골프 스윙에 슬굴곡근이 미치는 영향을 살펴보면, 골반의 안정화를 돕고 전신 균형을 효과적으로 유지 시켜 어드레스 자세와 직접적인 관계를 이룬다. 복근과 둔근이 파워에 핵심적인 기능을 한다면, 슬굴곡근은 파워를 전달하는 역할로서 약해지거나 유연성이 떨어지게 되면 엉덩 관절 굽힘 동작(Hip hinge)이나 무릎을 굽히고 펴는 동작에 부정적인 영향을 미쳐 체중 전달까지 영향을 미친다. 슬굴곡근은 골프 스윙에서 복근과 엉덩근에 이어 중요한 신체 부위로 분류되며, 광범위한 코어(Core)에 포함된다.

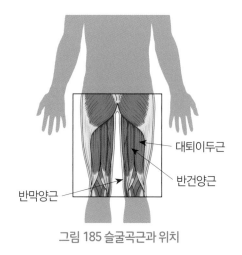

그림 185 슬굴곡근과 위치

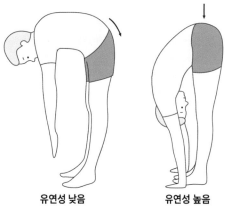

그림 186 슬굴곡근 유연성에 따른 자세

슬굴곡근(Hamstrings) 작용

	기능 및 역할
해부학적 구조	허벅지 뒤쪽 부위를 햄스트링스라 총칭함 슬굴곡근은 무릎 뒤쪽에서 안쪽과 측면으로 대퇴이두근(Biceps Femoris), 반건양근 (Semitendinosus), 반막양근(Semimembranosus)으로 구성
해부학적 기능	1. 고관절 폄동작(Hip extension) 작용 2. 고관절 내, 외회전(Internal rotation, External rotation) 작용 3. 고관절 내전(Adduction) 작용 4. 무릎 굽히기(Flexion), 펴기(Extension) 작용에 관여함 슬굴곡근은 걷기나 달리기, 점프 그리고 몸통 움직임을 조절하는 것과 같은 일상적 활동에서 중요한 역할을 함 걷는 자세에서 무릎이 펴질 때, 대퇴사두근(Quadriceps)이 길항근 역할을 함
골프 스윙에서 기능	1. 체중 전달을 통해 힘을 발생시킴 2. 하지 자세를 낮추는 데 도움 3. 골반의 안정화 스윙은 상체를 숙이고 무릎을 구부린 상태에서 시작하지만 임팩트 구간에는 왼발(Lead leg)이 펴지며 힘이 전달됨 동시에 상체 숙임 자세는 유지됨 만약 슬굴곡근 짧아짐 현상이 나타난다면 임팩트에서 무릎이 구부러지면서 스윙의 안정성이 떨어져 상체 굽힘 자세도 유지할 수 없게 됨 이는 효율적인 스윙 자세를 잃게 되면서 파워를 저해함 슬굴곡근 짧아짐 현상(Tight Hamstrings): 무릎을 펴고 앉아 허리를 숙여 손끝 발끝 닿기 자세를 취할 때 허벅지 당김으로 인해 손끝이 발끝에 닿지 않는다면 슬굴곡근 짧아짐 현상과 관계함

※ 슬굴곡근 유연성 운동

만약 슬굴곡근 짧아짐 현상이 나타난다면, 유연성 운동을 통해 교정할 수 있다.
양발을 붙이고 약 15㎝ 이상 높이의 책이나 단단한 물체에 발뒤꿈치를 올려 선다. 수건을 돌돌 말아 무릎 사이에 끼우고 상체를 숙이며 손끝이 발끝에 닿도록 한다. 3초 이상 버티는 자세를 여러 번 시행한다. 평평한 지면에서 동일하게 수행하면 늘어난 슬굴곡근 상태를 확인할 수 있다.

3) 척추와 요추 그리고 척추 기립근(Spine & Low back & Erector Spinae Muscle)

척추는 4가지 구조로 분류되어 있으며 해부학적 위치로는 머리를 받치고 있는 경추(Cervical)를 시작으로 흉추(Thoracic), 요추(Lumbar), 천추(Sacrum)로 이뤄져 있다. 코드로는 C1~C7, T1~T12, L1~L5, S1로 총 25개의 척추뼈가 수직으로 연결되어 있다. 요추는 골반 쪽에 위치하며 요추를 총칭해 'Low Back'이라고 부른다. 요추는 골프 스윙 중 가장 많은 부하가 발생하는 신체 부위로 임팩트 자세 때 몸무게의 약 4배 이상의 압력이 실려 요추 부상 확률이 다른 신체 부위보다 높다. 임팩트 압력만이 아닌 어드레스 자세, 백스윙 동작 등에서도 상체를 숙이고 비트는(회전) 동작이 지속되기 때문에 스윙 내내 부하가 상당히 높으므로 요추 부상예방을 위한 강화 및 관리가 필수적이다.

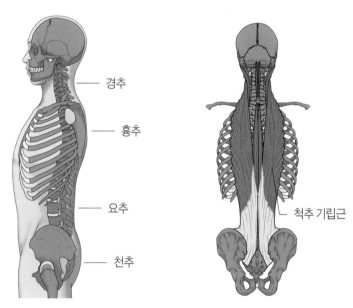

그림 187 척추구조와 척추 기립근

흉추 근육(Thoracic spine) 작용

부위	해부학적 기능 및 역할	골프 스윙에서 기능
척추 기립근 (Erector spinale)	척추 세움근으로 흉추를 세우는 작용	몸통 회전에 필요한 적절한 유연성 제공
다열근 (Multifidi)	척추 분절 간의 안정화 작용	스윙 동안 분절(척추) 간의 안정감 제공

상후거근 (Serratus Posterior Superior)	들숨 때 갈비뼈를 올리는 작용을 하며, 호흡 안정화와 호흡 보조 근육 역할을 함	흉추 안정화에 약간의 영향을 미침
하후거근 (Serratus Posterior Inferior)	호흡 안정화와 호흡 보조 근육 및 편측으로 허리 회전 작용 양측은 허리 폄(신전) 작용을 함	흉추 안정화에 약간의 영향을 미침
광배근 (Lattssimus dorsi)	흉요추(Thoracolumbar spine) 안정화 작용	흉요추 안정화에 영향을 미침 만약, 광배근의 짧아져 움직임이 제한되면 백스윙과 팔루스루의 몸통 회전이 제한됨

① 척추 기립근 작용

척추 기립근은 척추를 기준으로 양쪽으로 위치한 척추 주변 근육들이다. 척추가 올바르게 서 있을 수 있게 하는 역할로, 골반과 연결되어 있어 위에서 아래쪽으로 당기는 기능을 통해 척추를 바르게 세워 준다. 상, 하체가 유기적으로 움직일 수 있는 이유도 척추 기립근이 강하게 연결되어 있기 때문이다. 만약, 기립근이 약해지거나 불균형적으로 강해지면 척추 모양이 변형되는 등 척추에 직간접적인 영향을 미칠 수 있다. 또한 척추 기립근은 골반 균형에도 영향을 미쳐 기립근의 강화 및 관리가 매우 중요하다. 골프 스윙에서도 척추 기립근은 상체를 바르게 세우거나 임팩트 시 광범위의 코어로서 강하게 작용하며 스윙 동안 신체의 균형을 이뤄 스윙의 안정성을 돕는다. 따라서 척추 기립근의 약화는 슬굴곡근의 약화와 같이 올바른 어드레스 자세나 임팩트 자세에 부정적 영향을 미치며, 척추 기립근의 불균형적 강화는 스윙에 필요한 신체의 균형을 흐트러트려 스윙 자세 및 균형에도 부정적인 영향을 미친다. 척추 기립근의 불균형적 강화는 오른쪽의 척추 기립근과 왼쪽 기립근의 힘이 다름을 의미한다. 골퍼들의 흉추 주변 기립근 또는 요추 주변 기립근의 불균형적 강화가 자주 발생하는 데 질환으로 분류되어 있지 않아 간과되기 쉬우며 스윙에서 척추 기립근의 불균형적 강화는 반드시 부정적인 영향을 미친다고 단정할 수 없어 이에 대해 인식이 더욱 어렵다. 척추 기립근이나 요추 주변 근육 또는 복부 근육의 불균형적 강화는 특정 운동기술을 효과적으로 이행할 수 있도록 적합하게 발달한 것으로 보고되고 있지만, 불균형적 강화에 대한 양상을 지속 관찰할 필요가 있다. 척추 기립근의 불균형적 강화가 적정 수준을 넘게 되면 요추 부상을 야기하고 스윙 기술 측면에서도 부정적 효과가 발생할 수 있다. 따라서 척추 기립근의 불균형적 강화를 쉽게 간과해서는 안 되며 이를 예방하기 위해 척추 기립근 및 척추 주변 근육을 강화하고 이완하는 트레이닝이 필요하다.

바른 척추 자세   둥근 형태의 척추 자세

그림 188 척추 자세 유형

머리 자세

스윙에서 머리 또는 턱(Chin), 목의 자세는 전반적인 척추 자세에 영향을 받거나 끼친다. 스윙을 하는데 턱이나 머리를 너무 숙인다면, 1. 백스윙에서 어깨가 올라가는 현상과 2. 팔을 휘두를 수 있는 공간을 방해해 몸통 회전을 방해한다. 짧은 클럽들에서는 문제가 크게 발생하지 않을 수 있지만, 클럽이 길어질수록 공 발사각이나 비행거리에 영향을 미칠 수 있다. 또한 미주 신경 자극으로 인해 맥박이 빨라질 수 있으며 이는 호흡과 신경생리학적 요인에도 영향을 미치게 된다. 반대로 턱을 너무 들어 올리게 되어도 임팩트 정확성이 떨어질 수 있다.

지나친 머리 숙임 자세와   지나친 머리 들어 올림 자세와
둥근 어깨 자세   숙임 각도가 펴진 자세

그림 189 머리 자세와 척추 자세

경추(Cervical/Neck) 자세와 작용

	신체에 미치는 영향	골프 스윙에 미치는 영향
목 앞으로 나온 자세 (Forward head posture)	둥근 어깨를 발생시킴 힙 앞으로 기울기 발생시킴	등을 굽게 하여 몸통의 회전을 감소시킴 이는 몸에서 공까지의 적절한 거리를 방해함
목뼈의 측면 변형 (Lateral deviation)	머리를 균등하게 받치고 있지 못하고 한쪽으로 치우침 시각의 수평 맞춤에 영향을 미쳐 신경학적으로 미스얼라인먼트를 유발함	다운스윙 시 미스얼라인먼트로 인해 스윙에 영향 미침
목의 강직 (Stiffness)	목 주변 근육의 강직은 어깨 근육을 짧아지게 만들고 몸통, 팔, 손에 영향을 미침	팔이 많이 구부러질 수 있음 오버 백스윙(Across the line)을 유발할 수 있음 백스윙 크기가 줄어들 수 있음 스웨이나 역피봇을 유발할 수 있음

스윙 동안 좋은 척추 자세를 유지하기 위한 조건

척추 기립근은 척추를 세워주는 역할을 한다. 골프 스윙의 백스윙이나 다운스윙 동안 숙임 자세가 발생하는 과정에서도 등을 바르게 세워주는 역할을 한다. 이에 강한 척추 기립근과 척추 자세를 유지하기 위한 조건이 있다.

1. 강한 복근(Strong Abdominal Muscle)
2. 강한 엉덩근(Strong Gluteus Muscle)
3. 강하지만 유연한 슬굴곡근(Strong and Flexibility Hamstrings)

스윙에서 둥근 형태의 척추 자세(굽은 등) 발생 시 확인 사항

그림 188에서와 같이 둥근 형태의 척추 자세를 취하게 되면 상체 숙임 각도는 상대적으로 펴지게 되고, 이를 보상하기 위해 과한 무릎 각도가 발생할 수 있다. 스윙 자세는 마치 구부정한 모습처럼 비쳐 이를 수정하기 위해 등을 곧게 펴려고 하지만 이는 전혀 효과적이지 않다. 둥근 척추 자세 수정하기 위해서는 다음 사항을 함께 확인하는 것이 필요하다.

1. 신체 구조적 상태에 대한 확인(견갑골, 척추 주변 근육 상태 확인)

2. 스윙에 적절한, 바른 골반 기울기 자세를 취하고 있는지 확인

3. 발의 아치를 활용한 어드레스 균형이 바른지 확인

요추 근육(Lumbar spine) 작용

부위	해부학적 기능 및 역할	골프 스윙에서 기능
척추 기립근 (Erector Spinale)	요추를 세우는 작용과 골반 앞쪽으로 기울기 자세(Anterior pelvic tilt) 작용 요추 근육의 지지대 역할을 함	다운스윙시 골반 기울기에 관여하며, 복사근의 회전 작용 동안 과도한 골반 앞으로 기울기를 방지함
요방형근 (Quadratus Lumborum)	요추 폄 작용과 요추의 수직 안정화 작용	골프 스윙으로 인한 압력으로부터 요추를 보호하며, 스윙 동안 골반 옆으로 기울기(Lateral tilt)에 관여함
다열근/회전근 (Multifidi/Rotator)	두 근육 모두 요추 분절 간의 안정화 작용	골프 스윙 동안 요추 분절 간의 안정화 작용

② 스윙에서 요추 자세

보통 굽은 등 자세 발생 시 요추나 기립근 부위에 힘을 주어 등을 펴려는 시도가 이뤄진다. 척추 기립근에 불필요한 힘이 가해지면 오히려 몸통 회전이 제한되고 자연스러운 골반 기울기를 방해한다. 이에 어드레스 자세에서 요추 부위 즉, 등 쪽에 힘을 가하는 것은 매우 부적합하다.

③ 척추 자세와 어드레스 자세 관계

S Posture

척추 라인이 직선이 아닌 S 굴곡과 같이 휘어 있는 상태를 말한다. S Posture는 하부 교차증후군과 관계가 있다.

(1) 골반의 후방 기울기(Posterior tilt)를 감소시키고,

(2) 적절한 힙 관절의 굽힘(Hinge)을 감소시키며,

(3) 부적절한 어드레스 자세를 만든다.

그림 190 하부 교차 증후근과
S Posture 관계

C Posture

척추 라인 C 굴곡과 같이 등이 굽은 상태를 말한다.

C Posture는 상부 교차증후군과 관계가 있다.

(1) 몸통(Thoracic)의 움직임 범위를 제한시키고,

(2) 적절한 견갑골(Scapular)의 움직임을 감소시키며,

(3) 부적절한 힙 관절의 굽힘 자세를 만든다.

그림 191 상부 교차 증후근과
C Posture 관계

※ 잘못된 자세에 의한 영향(Loss of Posture)

1. 발목, 힙, 척추 주변근, 어깨의 부적절한 움직임(가동범위)

2. 약화된 코어와 안정성

3. 약화된 엉덩근

4. 감소된 척추 움직임 범위(Spinal ROM)

5. 짧아진 허벅지근(Hamstring)

6. 짧아진 대흉근과 광배근

스윙에서 요추 움직임 순서

골프 스윙에서 힙과 요추 움직임은 매우 중요한 동작이다. 한 연구에서는 상급자일수록 클럽이 탑스윙에 도달할 때쯤 왼쪽 힙의 움직임이 발생하며, 그 시간이 상대적으로 길게 나타나고, 왼쪽 힙 움직임 직후 오른쪽 힙과 요추 움직임은 거의 동시에 작용한다고 하였다. 이는 효과적인 전환 구간(Transition)과 다운스윙 동작을 이루게 하여 각운동량과 원심력 작용을 극대화한다. 단순하게 힙의 가속과 감속의 개념이 아닌 왼쪽 다리와 오른쪽 다리의 움직임 그리고 무게중심 이동 및 몸통의 움직임에 대한 이해가 이뤄질 때 효과적인 움직임 순서 및 타이밍을 알 수 있다.

스윙에서 골반의 작용

골반(Pelvic)

골반은 척추와 양쪽 다리를 이어주는 골격으로 두 개의 장골(Ilium)과 천추 즉, 엉치뼈(Sacrum), 꼬리뼈(Coccyx)로 구성되어 있다. 골반은 상체의 무게를 양다리로 분산시켜 걷는 동작 등 다양한 움직임을 가능하게 한다. 골반은 그릇과 같이 신체 내부 장기들을 받치고, 보호하는 역할을 한다. 남녀의 골반 구조는 다르며 여성의 골반이 더 넓은 형태다. 골반은 척추가 무너지지 않고 서 있을 수 있도록 지지대 역할을 하기에 다른 관절에 비해 강성이 높으며 척추와 연결되어 있어 움직임 범위는 매우 제한적이다. 이에 골반을 움직인다면 척추의 균형도 함께 흔들리게 된다. 골반은 앞, 뒤 기울기(Anterior/Posterior tilt), 좌, 우 기울기(Side tilt)의 움직임을 통해 전신 움직임에 관여한다.

골반(Pelvic)의 작용

	기능 및 역할
해부학적 구조	골반은 3가지 복합 골격 장골(Ilium)과 엉치뼈(Sacrum), 꼬리뼈(Coccyx)로 구성되어 있음 골반은 장골과 척추 하부에 연결된 엉치뼈를 통해 상부 골격과 연결됨
해부학적 기능	**골반 기능**: 등과 다리 움직임을 가능하게 함 고관절(Hip joint)과 연결되어 상체의 무게를 하체에 고르게 분산시키고 내부 장기를 보호함
	앞으로 기울기(Anterior tilt) 자세 발생: 지면에서 상체로 전달되는 에너지로 작용됨 S-자세는 과도한 골반 앞으로 기울기 자세로 인해 발생됨
	뒤로 기울기(Posterior tilt) 자세 발생: 과도한 척추후만증을 동반함
	옆으로 기울기(Lateral tilt) 자세 발생: 오른쪽 요방형근과 오른쪽 고관절 외전근 작용으로 오른쪽 골반이 높아지는 옆으로 기울기 자세 발생 왼쪽 요방형근과 왼쪽 고관절 외전근 작용으로 왼쪽 골반 높아지는 옆으로 기울기 자세가 발생됨
골프 스윙에서 기능	**어드레스**: 과도하지 않은 골반 앞으로 기울기 자세 발생 **백스윙**: 척추 기립근과 복근 작용과 함께 골반 앞으로 기울기 자세 및 왼쪽 옆으로 기울기 자세가 발생됨 **다운스윙**: 약 10~12° 뒤로 기울기가 발생하며 오른쪽 옆으로 기울기 자세가 발생함

※ 골반과 회전 움직임의 관계

스윙에서 회전을 설명할 때 줄곧 골반의 움직임이 언급되지만 신체의 기능학적 관점에서 몸의 회전을 골반으로 언급하는 것은 적절하지 않다. 골반을 둘러싸고 있는 근육들은 척추에서 골반 그리고 골반에서 다리로 연결되어 있어 상체와 하체가 유기적으로 움직일 수 있게 하며 상, 하체의 효율적이고 다양한 움직임을 가능하게 한다. 이에 골반을 회전하려 한다면 상, 하체의 안정성을 해치게 되고, 다리 근육 및 코어 근육의 연쇄 작용도 방해하게 된다. 그래서 골반 근육 작용 및 다리 움직임과 함께 이해하는 것이 필요하다.

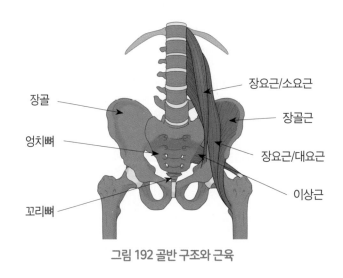

그림 192 골반 구조와 근육

1) 허리근/장요근(Psoas Muscle), 이상근(Piriformis)

허리근의 장요근과 이상근은 척추와 다리뼈(Femur)를 연결하는 근육이다. 장요근은 골반의 앞쪽으로 연결되어 있고, 이상근은 골반의 뒤쪽으로 연결되어 있어 앞, 뒤에서 당기고 있는 역할을 하여 골반과 척추를 더욱 견고하고 안정적으로 서 있을 수 있게 한다. 이에 두 근육의 상태는 신체 자세와 움직임에 상당한 영향을 미친다. 만약, 두 근육의 불균형 형태인 짧아짐(Tight) 현상이 있다면 효과적인 골프 어드레스 자세는 물론, 스윙 시 작용하는 척추 및 골반 자세가 어려울 수 있다. 또한 근육의 탄성 에너지도 제한될 수 있고, 다리뼈로도 연결되기 때문에 다리 움직임에도 관계된다.

2) 요추 전만증(Lordosis)과 골반 기울기(Anterior tilt)

요추 전만증은 요추가 과도하게 만곡된 즉 휘어진 상태를 의미한다. 유전적 요소로 인해 발생할 수도 있지만, 잘못된 자세나 움직임에 의해 발생할 수도 있다. 과도한 요추의 만곡은 골반이 앞으로 기울어지는 현상과 높은 관계가 있으며, 이는 하부 교차증후군과 관계한다. 하부 교차증후군은 신체의 전신 균형에 큰 영향을 미친다고 보고되었다. 약해진 복근과 짧아진 슬굴곡근(Hamstrings), 약해진 대퇴사두근(Quadriceps), 짧아진 요추근(Low back muscle)이 하부 교차증후군에 직접적인 원인으로 알려져 있어 이에 대한 주의가 필요하다. 하부 교차증후군도 어드레스 자세와 임팩트 자세를 방해한다.

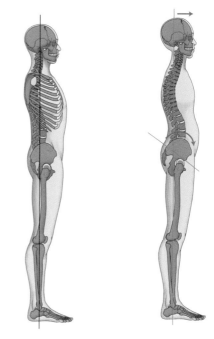

그림 193 올바른 신체 자세   그림 194 잘못된 신체 자세

자세의 변형은 신체의 모든 움직임에 순차적으로 영향을 미친다. 골프 스윙에서도 어드레스나 임팩트 등 스윙 동작에 영향을 미쳐 효율성을 낮추고 허리 부상이나 다른 신체 부위의 부상을 초래할 수 있다. 따라서 요추 전만증을 보이는 골퍼라면 반드시 요추와 복근, 허벅지(대퇴와 슬굴곡근)에 대한 관리가 필요하다.

골프 스윙에서 골반 작용

신체 기능학적으로 골반은 앞, 뒤, 좌, 우로 기울어진다. 이에 스윙에서 골반은 백스윙 중에는 앞으로 기울기 작용, 다운스윙 동안에는 뒤로 기울기 작용 및 좌, 우 기울기 작용을 통해 신체 중심점 유지와 에너지 전달에 영향을 미친다. 어드레스의 스탠다드 자세, S 자세나 C 자세와도 직접적인 관계가 있으며 S 자세나 C 자세를 주의해야 하는 이유는 신체 균형(중심점) 및 척추 자세와 다리 동작을 방해하기 때문이다. 이에 올바른 요추와 골반 자세가 중요하며, 골반으로 회전을 하려 한다면 스윙에 필요한 골반 기울기 작용을 방해해 스윙 동작의 효율을 떨어트릴 수 있다.

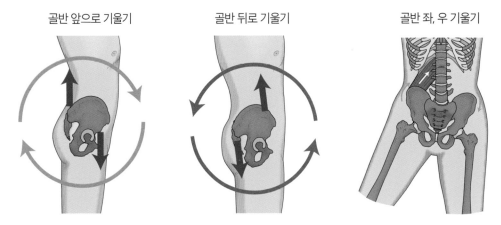

골반 앞으로 기울기   골반 뒤로 기울기   골반 좌, 우 기울기

그림 195 골반 앞, 뒤 기울기(Anterior and Posterior Tilt)와 좌, 우 기울기(Lateral Tilt)

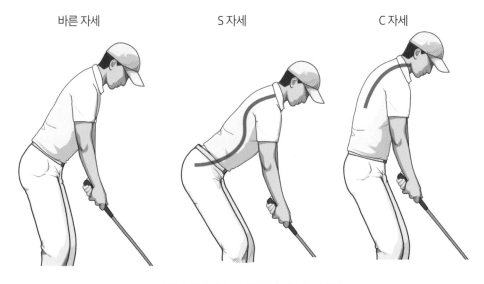

바른 자세   S 자세   C 자세

그림 196 척추, 골반 상태와 스윙 자세 관계

그림 197 비효율적인 신체의 무게중심 위치와 자세 형태

스윙에서 무릎의 작용

무릎(Knee)은 신체의 움직임에서 신체 균형을 이루게 하고 파워를 전달하는 중요한 역할을 한다. 무릎은 일반적으로 관절이라 부르지만, 무릎 주변 근육들에 의해 움직임과 균형을 이룬다. 대표하는 근육은 엉덩 관절(Hip Joint)에서 무릎 관절까지 연결되는 대퇴사두근, 슬굴곡근이 위치해 있다. 무릎 아래 종아리 쪽으로 비복근(Gastrocnemius)과 가자미근(Soleus)이 있으며 앞쪽으로는 전경골근(Tibialis)이 있다.

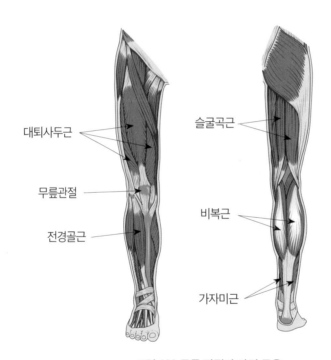

그림 198 무릎 관절과 다리 근육

골프 스윙에서 적절한 무릎 각도(Knee Flexion)

기능적 스포츠 자세(Athletic Posture)에서 엉덩 관절 굽힘과 함께 무릎각도(굽힘)가 발생하게 된다. 무릎각도는 움직임 자세에서 하체의 안정성 및 효과적인 에너지를 발현하는 데 필수적이다. 하지만 어느 정도 굽히는 것이 효과적인지 종목에 맞는 해석이 필요하다. 바람이 많이 부는 높은 지대에 서 있다면 안정성을 확보하기 위해 자연스레 주저앉거나 자세를 낮추듯이 무릎을 많이 굽히면 신체의 안정성은 향상된다. 또 빠른 움직임을 수행할 때도 적절한 무릎각도가 필요하다. 이는 적절한 관절각도가 힘을 발현하는 데 필수 요소임을 의미한다. 하지만 골프 스윙은 양발이 지면에 닿아 있는 상태에서 몸통을 비틀어 바닥에 멈춰 있는 공을 쳐야 한다. 이에 다른 스포츠 자세에 비해 무릎각도가 과도할수록 부적합하다. 스윙에서 엉덩근과 복근 등 코어 근육을 적극 활용하기 위해 엉덩 관절 각도가 중요하며, 엉덩 관절 각도는 무릎각도와 밀접한 관계를 이룬다. 그래서 무릎 각도가 많이 굽혀진다면 엉덩 관절 각도는 감소하게 되어 스윙에 필요한 몸통과 힙 회전에 영향을 끼친다.

부족한 무릎 굽힘(Too little knee flex)

1. 안정성을 감소시킴
2. 엉덩근 작용에 효과적이지 않아 감각이 느껴지지 않으며, 스윙의 효율을 떨어트림

과도한 무릎 굽힘(Too much knee flex)

1. 엉덩근이나 슬굴곡근이 작용되지 않고, 대퇴사두근이 작용됨

※ 대퇴사두근의 작용은 신체 균형의 안정성은 높이지만 힙과 몸통 회전을 제한시킴

무릎(Knee) 주변 근육 작용

부위	해부학적 기능 및 역할	골프 스윙에서 기능
비복근 (Gastrocnemius)	무릎 굽힘 작용	하체의 안정성과 힘 생성함
슬굴곡근 (Hamstrings)	무릎 굽힘 작용과 안정화	골반의 안정화와 하체 각도를 유지하여 효율적인 체중 전달로 힘 생성함
대퇴사두근 (Quadriceps)	무릎 폄 작용과 안정화	하체의 안정화와 효율적인 체중이동을 이루게 함 하체 힘을 생성함
대퇴박근 (Gracilis)	무릎 굽힘 작용과 내회전 작용	골반의 안정화와 하체 힘을 생성하여 효율적인 체중이동을 이루게 함
장경인대 (IT band)	무릎 관절의 측면 안정화 작용	부가적으로 하체 안정화와 체중이동에 도움을 줌

1) 슬굴곡근(Hamstrings)

슬굴곡근은 무릎과 엉덩 관절 사이에 위치해 있다. 슬굴곡근의 역할은 무릎의 굽힘 동작을 가능하게 하고 하체의 안정성을 돕는다. 슬굴곡근이 약해져 있거나 짧아지게 되면 엉덩 근육의 신장(Extension)을 제한하여, 무릎 굽힘을 과하게 만들 수 있다. 이러한 문제는 골반 안정화와 기능에 부정적 영향을 미친다('광범위의 코어-슬굴곡근' 참고). 스윙에서 엉덩근과 복근은 파워의 핵심 요소인데, 이를 돕는 근육이 슬굴곡근이다. 즉, 슬굴곡근은 어드레스 자세와 임팩트 자세에 직간접적으로 영향을 미치기에 강화와 유연성이 반드시 필요하다.

2) 대퇴사두근(Quadriceps)

대퇴사두근은 다리 앞쪽에 있는 가장 큰 허벅지 근육이다. 파워와 관련하여 엉덩 근육만큼 크게 기여하는 근육이다. 대퇴사두근은 무릎을 펴는 동작에 관여하고 무릎 안정화에도 영향을 미친다. 골프 스윙 자세에서는 지지대 역할을 하며 무게중심 이동에도 중요한 역할을 한다. 이에 대퇴사두근의 강화는 필수적이지만 반드시 슬굴곡근의 근력과 균형을 이뤄야 한다. 다운스윙에서 강한 에너지를 분출할 때 대퇴사두근은 엉덩근 그리고 복근과 함께 작용한다. 다만, 어드레스나 백스윙 동작에서 대퇴사두근의 과도한 사용(수축)은 과도한 무릎 굽힘을 만들고 이는 몸통의 회전을 떨어트려 에너지 응축에 효과적이지 않다.

3) 비복근(Gastrocnemius)

종아리 또는 장딴지라 불리는 비복근은 무릎 굽힘 동작을 가능하게 한다. 골프 스윙에서 파워를 모으는 역할과 에너지를 안정적으로 전달하는 역할을 한다. 즉, 하체의 힘이 전달되는 통로로서 대퇴사두근이나 슬굴곡근의 기능 및 효과가 비복근에 의해 떨어질 수 있다. 또한 비복근 상태는 발목 관절 움직임에도 영향을 미치기 때문에 하체 움직임 전반에 관여한다. 만약 비복근이 짧아진 상태가 된다면 무릎과 발목의 움직임을 제한시켜 에너지 전달에 부정적 영향을 미친다. 비복근이 우수한 상태라면 매우 효율적인 하체 움직임을 완성하는 데 도움이 된다.

근육의 탄성 에너지 시스템(Elastic Potential Energy)

신전-단축 주기(Stretch-Shortening Cycle)

신전-단축 주기에 대한 사전적 정의는 근육을 미리 작용(Pre-activation)하는 것과 동시에 늘어났다가 다시 짧아지는 수축으로 탄성 에너지를 활용하는 시스템이다. 이러한 작용은 더 큰 장력을 발생시키는데, 예를 들어 제자리 멀리 뛰기를 할 때 가만히 서서 뛰는 것이 아닌 더 큰 힘을 발현하기 위해 몸을 웅크려 앉았다가 일어서며 뛰게 되는데 이를 역동작(Counter Movement Action) 또는 사전 신장(Pre-stretch) 작용이라 한다. 이러한 근육 작용은 더 많은 힘을 생성하고 더 빠르게 움직일 수 있도록 돕는다. 신전-단축 주기는 점핑 동작만이 아닌 더 큰 힘을 활용할 때 항상 작용하기 때문에 스윙에서도 에너지를 극대화하기 위해서 올바른 신전-단축주기 작용을 활용하는 것이 효과적이다.

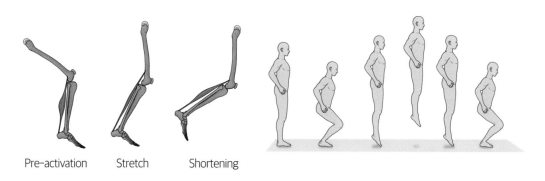

Pre-activation Stretch Shortening

그림 199 신전-단축 주기(Stretch-Shortening Cycle)와 현상

1) 골프 스윙에서 나타나는 스쿼트 자세와 점핑 현상

골프 스윙에서도 더 큰 힘을 생성하기 위해 신전-단축 주기가 작용한다. 스윙이 전환되는 전환 구간과 임팩트 시점까지의 다운스윙에 상체와 하체 모든 부분에서 작용한다. 신체 부위로 크게 나누면 다음의 세 가지 부위에서 관찰된다.

① 왼쪽 방향의 광배근(오른손잡이 골퍼의 경우)

② 코어

③ 힙을 포함한 하체 주변 근육

이 과정에서 신전-단축주기의 작용은 스쿼트 자세(Squat Position) 현상이나 점핑 동작과 같은 현상으로 나타난다. 이는 다운스윙 시작에서 단순히 앉는 자세나 임팩트 시점에서 점핑하는 동작이 아닌 근육의 신전-단축 주기 작용에 의해 나타나는 매우 자연스러운 현상이다. 만약 효과적인 비틀림이 백스윙에서 발현되지 않는다면 다운스윙에서 스쿼트 자세나 임팩트 시점의 점핑 현상은 발생하지 않고, 얼리익스텐션과 같은 형태의 비효율적인 움직임이 나타날 수 있다. 따라서 다운스윙 구간에서 스쿼트 자세나 점핑과 같은 현상이 발현되지 않는다고 인위적 또는 의식적으로 앉았다 일어나는 자세를 수행하려 하는 것은 오히려 스윙의 연결성을 해치는 부적절한 동작이 될 수 있다.

백스윙 회전 동작에서는 코어와 오른 다리에 힘이 응축되고, 탑스윙-다운스윙으로 전환하는 과정에서는 광배근과 복부 및 힙 주변 근육들에서 신장성 수축이 발생하게 된다. 신장성 수축은 다시 강하게 단축성 수축으로 작용하면서 몸통 회전 및 스윙 속도가 빨라지게 된다. 이러한 현상이 클럽 헤드 스피드를 빨라지게 하는 주된 작용이며 이러한 작용을 효과적으로 발생시키기 위해 근력 강화 훈련이 필요하다.

근력 강화만이 아닌 적절한 이완과 유연성이 필요하며, 근육의 탄력성 향상을 위한 편심성 수축 및 등속성 훈련이 필요하다. 또 적절한 근력 강화가 이뤄졌다면, 플라이오메트릭(Plyometrics) 훈련 등을 통해 신전-단축 주기 작용 강화를 이루는 것도 도움이 된다.

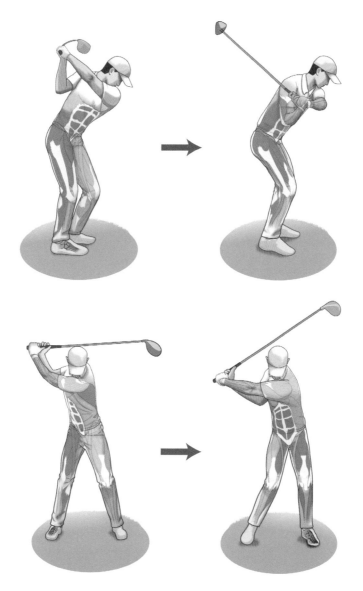

그림 200 골프스윙에서 활용되는 신전-단축 주기(Stretch-Shortening Cycle) 작용

스윙에서 어깨의 작용

어깨는 신체 부위에서 가장 복잡한 구조 중 하나이며, 팔과 상체 동작에 매우 직접적인 영향을 미치는 중요한 신체 부위이다. 어깨 구조는 어깨 관절과 견갑골을 중심으로 주변 근육들로 이뤄져 있다. 견갑골은 등 쪽에 부착되어 있으며 팔을 들어 올리거나 내리는 동작에서 핵심적인 역할을 한다. 이에 어깨는 몸의 회전을 주도하는 부위가 아닌 상체 균형을 이루게 하여, 스윙에 필요한 몸의 회전을 돕는다. 만약 어깨를 활용해 몸의 회전을 주도하려 한다면 상체 균형을 해쳐 오히려 몸의 회전을 제한하고, 팔 위주의 스윙을 발생하게 한다. 어깨는 몸무게를 지탱하는 척추나 골반 또는 무릎과는 다르게 움직이는 범위가 매우 넓어 부드러운 상태를 유지하는 것이 부상 예방에 가장 효과적이다. 골프 스윙에서 어깨의 역할을 이해해 보자.

어깨 근육

어깨와 팔을 움직(회전)이게 하는 근육에는 회전근개(Rotator cuff muscle)가 있으며. 회전근개는 4개의 근육인 극상근(Supraspinatus), 극하근(Infraspintus), 견갑하근(Subscapularis), 소원근(Teres minor)으로 구성되어 있다(그림 201). 또한 팔을 들어 올리거나 내리는 움직임에 능형근(Rhomboid), 승모근(Trapezius), 이두근(Biceps), 삼두근(Triceps)이 어깨 관절을 중심으로 분포되어 있어 상체 움직임에 관여한다.

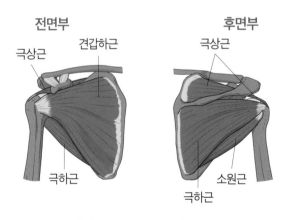

그림 201 회전근개(Rotator cuff)

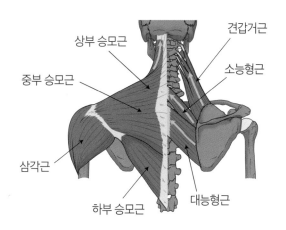

그림 202 어깨 주변 근육

스윙에서 어깨(Shoulder) 작용 1

스윙 구간	기능과 자세
어드레스	양쪽 어깨 모으기 자세와 내림 자세가 필요함 양쪽 어깨와 힙의 정렬 상태가 타겟과 평행해야 함
백스윙	**테이크어웨이 구간**: 복부 작용으로 회전이 발생하기에 양쪽 어깨와 팔은 하나의 동작으로 움직임 **미드백스윙 구간**: 왼팔의 회전이 발생함 **탑스윙**: 몸통 회전으로 인해 어깨는 공으로부터 약 60~75° 회전됨
다운스윙	몸통의 회전으로 다운스윙이 시작됨 **얼리다운스윙 구간**: 왼팔의 각운동량(움직임)이 극대화됨 **미드다운스윙 구간**: 관성력에 의한 작용과 현상이 발생함 임팩트에 가까워질수록 양어깨는 어드레스 위치로 돌아옴
임팩트	임팩트 존에서 어깨는 타겟과 평행함 임팩트 순간 어깨의 높낮이는 있지만, 양쪽 견갑골의 높낮이는 발생하지 않음
팔로스루	피니시를 향해 계속 회전되며, 왼쪽 어깨가 높고 오른쪽 어깨가 낮은 듯한 기울기는 척추각에 의해 발생하며, 다운스윙 패스에 큰 역할을 함

	백스윙	다운스윙
왼쪽 어깨	복사근 회전에 의한 작용으로 아래쪽으로 떨어지며 회전됨 왼쪽 어깨는 어드레스에서 탑 스윙까지 약 90° 정도 회전됨	백스윙 동안 오른쪽 어깨보다 낮아진 왼쪽 어깨 위치는 유지되며 다운스윙이 시작됨 임팩트에 가까워질수록 왼쪽 어깨는 자연스럽게 높아짐 만약 임팩트 이후에도 왼쪽 어깨가 위로 올라가는 힘이 지속된다면 올바른 릴리즈와 팔로스루가 발생하기 어려움
오른쪽 어깨	복사근의 작용으로 오른쪽 어깨는 외회전 되며, 백스윙 이뤄짐	왼쪽 어깨가 높아지는 만큼 오른쪽 어깨는 자연스럽게 낮아짐 이는 몸통 회전에 의해 발생하는 현상 임팩트에서 피니시가 진행되는 동안에 오른쪽 어깨는 지속적으로 왼쪽 어깨보다 낮은 상태로 유지됨

1) 회전근개(Rotator cuff)

회전근개는 어깨 관절의 움직임과 안정감을 제공해 주는 근육과 건으로 구성되어 있으며, 4개의 근육이 서로 회전을 일으킨다하여 회전근개라 부른다. 극하근과 소원근은 관절의 뒤를 지나 상완골(Humerus) 쪽으로 부착되어 있고, 극상근과 견갑하근도 상완골 쪽으로 부착되어 있다. 견갑하근은 견갑골의 앞쪽으로 부착되어 있으며, 4개의 근육 모두 상완골 쪽에 부착되어 있어 서로 당기는 기능으로 어깨 관절을 견고하게 잡아 준다.

견갑하근은 어깨 관절과 견갑골 안정화에 중요하게 작용한다. 팔의 내전 및 내회전을 가능하게 하는데 견갑하근이 약화되거나 유연성이 떨어지게 되면 어깨 움직임이 제한된다. 극상근은 견갑골의 위쪽을 지나며 견갑골과 팔을 연결하게 해 준다. 극상근은 팔을 옆으로 드는 동작 시 가장 먼저 쓰이는 근육으로 팔의 외측 회전(External rotation)과 외전(Abduction)을 가능하게 한다.

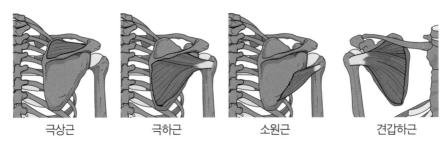

| 극상근 | 극하근 | 소원근 | 견갑하근 |

그림 203 어깨 회전근개 해부학 구조

극상근의 손상은 회전근개 부상 중 가장 흔하게 발생하는 부상이다. 주로 팔을 들어 올리는 움직임에서 극상근이 구조물에 부딪히며 손상을 입게 된다. 극상근이 다치게 되면 $60{\sim}120°$ 사이로 팔을 들어 올릴 때 극심한 통증을 느끼게 된다. 이에 골프 스윙으로 인한 어깨 손상은 극상근의 문제보다 극하근이나 소원근, 견갑하근에 의한 문제가 더 많다. 소원근은 견갑골과 상완골을 이어주는 근육으로 팔을 움직일 때 어깨 관절을 안정화시키며, 외회전(Lateral rotation)을 가능하게 한다. 소원근의 통증은 팔이 과하게 사용될 때 발생하며, 골프 스윙에서는 백스윙이나 다운스윙 동작에서 소원근의 역할이 크다. 극하근은 견갑골 뒤쪽에 부착되어 있어 소원근과 같이 외회전의 기능을 하기 때문에 골프 스윙에서 두 근육의 역할이 중요하다.

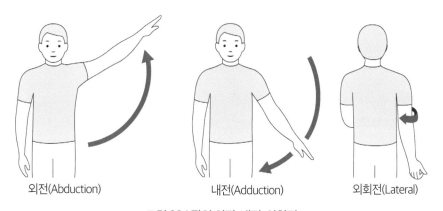

외전(Abduction)　　내전(Adduction)　　외회전(Lateral)

그림 204 팔의 외전, 내전, 외회전

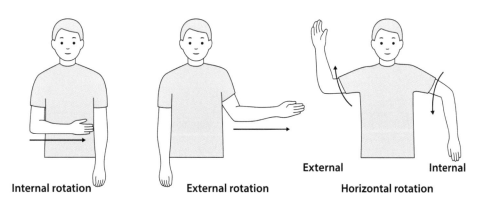

Internal rotation　　External rotation　　External　Internal
　　　　　　　　　　　　　　　　　　Horizontal rotation

그림 205 어깨의 외측 회전(External rotation), 내측 회전(Internal rotation)

효과적인 골프 스윙을 위해서는 소원근과 극하근 및 견갑하근의 작용이 약화되거나 유연성이 떨어지지 않도록 주의해야 한다.

회전근개(Rotator cuff) 근육 작용

부위	해부학적 기능 및 역할	골프 스윙에서 기능
극상근 (Supraspinatus)	상완골을 들어 올리는 움직임에 도움	스윙에서는 활성화가 최대로 발생되지 않음
극하근 (Inpraspinatus)	상완골의 외회전과 관절와상완관절 (Glenohumeral joint) 안정화에 도움	백스윙에서 왼팔 동작에 관여하며, 팔로스루에서 오른팔 동작에 관여
소원근 (Teres minor)	상완골의 외회전과 어깨 관절 안정화에 도움	백스윙에서 왼팔 동작에 관여하며, 팔로스루에서 오른팔 동작에 관여
견갑하근 (Subscapularis)	상완골의 내회전과 관절와상완관절 안정화에 도움	백스윙에서 오른팔 동작에 관여하며, 팔로스루에서 왼팔 농삭에 관여

2) 견갑골(Scapula)과 주변 근육

회전근개와 함께 상체 움직임에 중요한 역할을 하는 부위는 견갑골이다. 견갑골은 다른 뼈와 연결되어 있지 않은 유일한 뼈로 상체의 안정성과 관계가 깊다. 견갑골은 기능적 운동에서도 매우 중요한 역할을 하는데 밀거나 당기는 등의 단순한 움직임에도 직접적인 영향을 미친다. 따라서 견갑골이 원활하게 움직일 수 있도록 왼쪽과 오른쪽 견갑골 주변 근육의 불균형적 강화를 주의해야 하며, 유연성도 매우 중요하다. 특히, 골퍼들에게 견갑골 주변 근육 불균형적 강화는 자주 발생한다.

견갑골(Scapula)의 작용

	기능 및 역할
해부학적 구조	견갑골은 두 번째에서 일곱 번째 갈비뼈 사이에 걸쳐 있고, 약 30° 각도로 기울어져 있음 17개의 근육으로 둘러싸여 있음

해부학적 기능	견갑골의 주된 기능은 팔을 몸의 흉부나 몸통에 부착되게 하여 팔을 안정시키고 어깨에서 팔이 움직일 수 있게 함 견갑골은 6가지 방향으로 작용함 1. 올림 자세(Elevation): 상부 승모근(Upper Trapezius)과 견갑거근(Levator Scapula) 작용 2. 내림 자세(Depression): 하부 승모근(Lower Trapezius) 작용 3. 모음 자세(Retraction): 능형근과 중부 승모근(Middle Trapezius) 작용 4. 벌림 자세(Protraction): 앞톱니근(Serratus Anterior) 작용 5. 상방회전(Upward rotation): 능형근과 중부 승모근(Middle Trapezius) 작용 6. 하방회전(Downward rotation): 능형근 작용
골프 스윙에서 기능	**백스윙:** 몸통을 중심으로 시계 방향으로 회전됨 **다운스윙:** 몸통을 중심으로 시계 반대 방향으로 회전됨 다운스윙 구간에 오른쪽 대흉근(Pectoralis major)과 앞톱니근의 최대 활성화됨 내림 자세와 견갑골 벌림 자세(어깨 모으기 자세)가 유지될수록 다운스윙 동안 낮은 자세 즉, 숙인 자세를 유지하는 데 도움이 되어 효과적인 임팩트 자세를 취하게 함

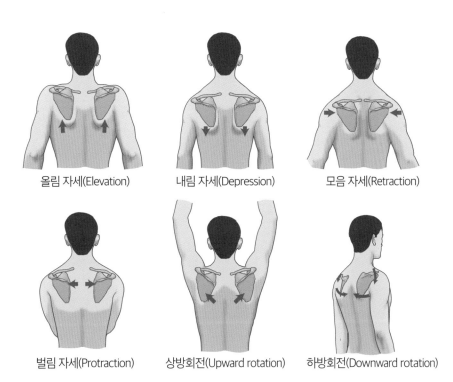

올림 자세(Elevation) 내림 자세(Depression) 모음 자세(Retraction)

벌림 자세(Protraction) 상방회전(Upward rotation) 하방회전(Downward rotation)

그림 206 견갑골의 움직임 방향

※ 견갑골의 부정렬

견갑골의 약화를 뜻하는 부정렬은 3가지의 문제를 일으킬 수 있다. 1. 어깨 회전근개 구조물에 비정상적인 스트레스를 가한다. 2. 회전근개 근육에 압박을 높여 어깨의 복잡한 신경 및 근육의 기능을 저하시킨다. 3. 주변 근육들의 기능 저하로 어깨 움직임 제한을 발생시켜 효과적인 신체 동작에 부정적인 영향을 미친다. 견갑골 및 주변 근육들이 균형을 이루고 정상적인 정렬 상태가 될 수 있도록 지속적 관찰과 관리가 필요하다. 견갑골의 역할에 관여하는 근육은 능형근과 승모근이 있다.

견갑골(Scapula) 주변 근육의 작용

부위	해부학적 기능 및 역할	골프 스윙에서 기능
앞톱니근 (Serratus anterior)	견갑골 안정화와 벌림 자세에 기여 관절와상완관절(Glenohumeral joint)이 정상적인 기능을 할 수 있도록 함	**왼쪽**: 스윙 내내 활성화됨 **오른쪽**: 다운스윙 동안 최대 활성화됨. 만약 앞톱니근이 기능하지 않는다면 견갑골의 안정성에 영향을 미침
능형근 (Rhoboid major/ minor)	매우 얇은 근육으로 등과 어깨 사이에 위치 견갑골 올림과 모음, 하방 회전을 가능하게 함	왼쪽과 오른쪽 팔의 올림 자세와 모음 자세가 가능하게 하며, 다운스윙 구간 동안 견갑골 안정화게 도움
견갑거근 (Levator scapula)	견갑골의 올림 자세와 상방회전에 기여 견갑거근이 과활성화는 상부 교차증후군 유발	왼쪽 어깨올림근은 대부분 다운스윙 구간에서 최대로 작용 이는 견갑골 움직임에 반응하여 완전한 피니시 동작을 도움
대흉근 (Pectoralis major)	상완골의 강한 내전을 가능하게 하며, 내회전을 가능하게 함	탑스윙에서부터 활성화를 이룬다면 다운스윙 가속 구간에서 매우 핵심 근육으로 작용하여 힘을 최대로 생성
삼각근 (Deltoid)	상완골의 올림 자세, 내전, 굽힘과 펴는 움직임에 기여	어깨 관절 안정화에 기여하며, 백스윙에서 오른팔 올림 자세 동작과 팔로스루에서 왼팔의 올림 자세 동작에 기여

3) 능형근(Rhoboid major/minor)

능형근은 대능형근과 소능형근으로 구분된다. 두 근육의 기능은 같아 일반적으로 능형근이라 통칭한다. 능형근은 마름모 형태 근육으로 등 쪽에 부착되어 있으며 양쪽 견갑골 사이와 척추 그리고 견갑골을 이어준다. 능형근은 견갑골 움직임에 관여하는데 어깨 펴는 동작을 위해 흉추 쪽을 모아주는 견갑골 모음 자세 기능을 한다. 또 견갑골을 위로 회전시키는 견갑골 상방회전 기능이나 견갑골을 아래로 회전시키는 하방회전 기능을 하며 기능적 역할만이 아닌 견갑골의 안정화와 척추 C7~T5까지의 척추뼈 안정화에도 관여한다.

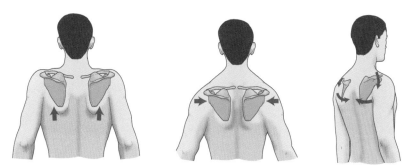

능형근의 작용(1. 견갑골 올림 자세, 2. 견갑골 모음 자세, 3. 견갑골 하방회전)

그림 207 능형근의 작용

능형근은 신체의 연결 연쇄 작용과 매우 밀접한 관계가 있다. 어깨를 올리거나 내리는 등의 단순 동작들로 보이지만 우리 신체의 움직임은 상당히 복합적이고 복잡한데 능형근은 전신으로 연결되는 에너지 흐름의 경로(그림 208)에서 매우 중요한 연결 기능을 한다. 신체의 한 부위만으로 힘이 생성되고 발현되는 것이 아니라 여러 부위가 연쇄적으로 작용하며, 연결된다. 이에 능형근은 팔의 움직임만이 아닌 하체의 에너지가 상체로 전달되는 경로 역할을 하기 때문에 기능이 약화 되거나 불균형하다면 에너지 전달이 제한된다. 능형근은 전신의 에너지를 발생시키는 복근이나 척추 근력, 하체 근력만큼 매우 중요한 역할을 한다고 할 수 있으며, 골프 스윙 특성상 능형근의 불균형적 강화가 발생 할 수 있어 이를 주의 깊게 살펴야 한다. 능형근의 불균형적 강화는 능형근 주변 근육들의 통증을 유발시킬 수 있으며, 이는 만성통증으로 발전될 가능성이 매우 높아 관리가 필요하다.

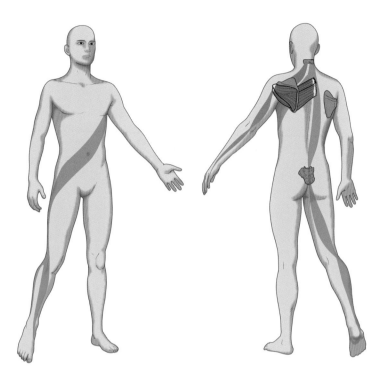

그림 208 능형근으로 연결되는 전신 에너지 흐름 경로

4) 승모근(Trapezius)

팔 움직임에 관여하는 또 하나의 근육은 승모근이다. 승모근은 상부 승모근(Upper trapezius), 중부 승모근(Middle trapezius), 하부 승모근(Low trapezius)으로 이뤄져 있다. 등 쪽에 위치해 있으며, 머리(후두골)에서부터 흉추 12번까지 닿아 있다.

상부 승모근은 어깨를 위로 끌어 올리거나 견갑골을 상방회전 및 상승시키는 기능을 한다. 중부 승모근은 견갑골을 척추 방향으로 모아주는 기능을 하며 하부 승모근은 견갑골을 아래로 당겨주는 기능을 한다. 따라서 승모근은 능형근과 함께 견갑골의 역할 즉, 팔 움직임에 중요한 역할을 하고 어깨 안정화에도 관여한다. 골프 스윙에서 상부 승모근이 많이 사용된다면 견갑골이 상승되어 어깨가 올라가는 등의 불필요한 동작이 발생할 수 있다. 골프 스윙에서 어깨 상승 동작은 임팩트 정확성과 클럽 헤드 스피드에 부정적 영향을 미칠 수 있어 중부 승모근과 하부 승모근의 작용 및 강화가 필요하다. 중부 승모근과 하부 승모근은 광배근과 복부의 작용과도 연결된다.

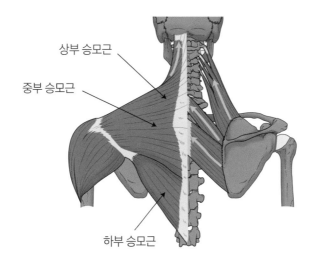

그림 209 승모근의 구조

상부 승모근
중부 승모근
하부 승모근

골프 스윙에서 어깨 자세

골프 스윙에서 근육을 이해하는 궁극적인 목표와 목적은 효과적인 코어를 작용시키기 위한 것이며, 스윙 동작은 신체의 복합적 움직임으로 이루어지기에 효율적인 동작을 위해서는 지켜야 할 자세가 있다.

어드레스에서 어깨 모으기 자세이자 견갑골 벌림 자세(Protraction)가 필요하다. 벌림 자세는 코어에 올바른 긴장을 가질 수 있게 도우며, 어깨 근육의 적절한 이완과 수축을 가능하게 한다. 이와 함께 올바른 연쇄 작용을 위해 견갑골을 아래로 살짝 내리는 내림 자세가 필요하다. 이러한 자세는 가슴 근육과 주변 근육(광배근, 앞톱니근) 및 코어에 올바른 긴장과 연쇄적 움직임을 수행하는 데 매우 효과적이다. 또한 이 자세는 백스윙과 다운스윙에서 필요한 어깨의 안정성과 가동성에 효과적이다.

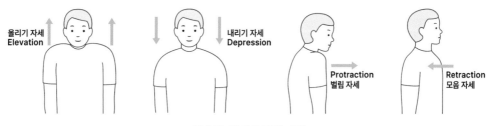

그림 210 어깨 움직임 자세

백스윙에서 극하근과 소원근의 작용이 중요한데, 특히 극하근의 유연성은 반드시 필요하다. 왼팔(Lead arm)의 백스윙과 오른팔의 팔로스루 동작에 관여하며, 어깨 관절의 안정성에도 중요한 역할을 한다. 극하근과 함께 소원근과 견갑하근도 양팔의 백스윙과 팔로스루 동작에 관여하기 때문에 유연성이 요구된다. 만약 극하근과 소원근의 불균형이 발생하게 되면 백스윙과 팔로스루 움직임 그리고 어깨 안정화에 부정적 영향을 미칠 수 있다.

그림 211 어드레스, 탑스윙 어깨 움직임

골프 스윙에서 에너지 생성은 복근, 가슴 근육, 발, 다리, 엉덩근, 척추 주변 근육에 의해 발생하지만, 능형근은 에너지를 효과적으로 전달하는 역할을 한다. 따라서 골프 스윙에서는 능형근을 포함한 어깨와 등 주변 근육들의 유연성이 매우 중요하며 한쪽만 우세해질 수 있어 이에 대한 주의가 필요하다.

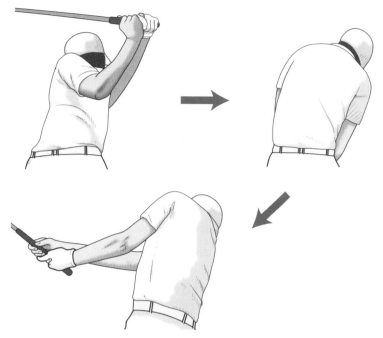

그림 212 탑스윙, 다운스윙, 팔로스루에서 어깨 움직임

골프 스윙에서 어깨 부상

어깨는 허리 다음으로 흔한 부상 부위이다. 어깨 부상은 여성이 남성보다 발생할 확률이 높고 허리 부상은 남성이 여성보다 높은 것으로 알려 있지만, 남성의 50, 60대에서는 허리보다 어깨 부상이 더 흔하게 발생하는 것으로 집계되고 있다.

골프에서 어깨 부상은 과사용에 의한 만성 통증이 가장 많이 발생하는데, 프로 골퍼나 로우 핸디캡 골프들의 스윙 횟수는 한 주에 약 2000여 번으로 보고되었다. 이러한 환경에서는 90%가량 어깨나 팔에 문제가 발생할 수 있고, 골프 스윙으로 인해 소원근, 견갑하근, 극하근, 능형근과 승모근의 불균형을 유발할 수 있다. 골퍼들이 정형외과적 진단이 명확하지 않은 어깨 불편감이나 통증을 겪는 경우가 상당한데 이때 능형근이나 승모근의 불균형을 확인해 볼 필요가 있다. 능형근이나 승모근의 불균형은 에너지 전달과 관계되며, 회전근개나 여러 어깨 통증과 관련이 있기 때문에 강화되지 않은 상태에서 골프 연습을 지속할 경우 과사용에 의한 불균형이 발생할 수 있다. 이에 강화 훈련과 좌, 우의 균형을 유지하기 위한 관리가 매우 필요하다.

스윙에서 팔과 손의 작용

스윙 동안 손을 사용해야 한다는 견해와 손을 쓰면 안 된다는 극단적 견해가 오고 간다. 하지만 골프 스윙에서 팔과 손은 클럽을 직접 다루고 임팩트 구간에서 매우 직접적인 영향을 미친다. 이에 손과 팔은 반드시 작용하는데, 어떻게 어떤 형태로 작용해야 일관되고 효과적인지 신체 시스템과 함께 이해하는 것이 도움이 된다.

손은 손 근육과 팔 근육의 조화로 움직인다. 손바닥이 하늘을 보게 한 상태(Supination)에서 주먹을 강하게 쥐는 것과 손등이 하늘을 본 상태(Pronation)에서 주먹을 강하게 쥐는 것에 따라 사용되는 힘의 패턴이 다르기 때문에 팔과 손의 자연스러운 움직임을 이해할 필요가 있다.

팔 근육의 작용

팔에는 요골(Radius)과 척골(Ulnar)이 있으며 신경은 Radial, Ulnar, Median 신경이 있고, Ulnar 신경과 주변 근육은 중지, 약지, 새끼손가락 움직임에 관여한다. 엄지와 검지, 중지 움직임은 Radial 신경과 주변 근육들이 관여한다. 팔 회전은 요골과 척골이 서로 교차하며 회전하는데 요골 방향의 근육이 척골 방향의 근육들에 비해 강도가 강하다.

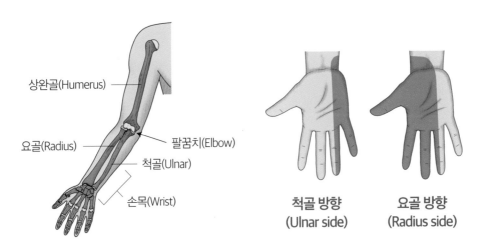

상완골(Humerus)
요골(Radius)
팔꿈치(Elbow)
척골(Ulnar)
손목(Wrist)

척골 방향
(Ulnar side)

요골 방향
(Radius side)

그림 213 팔의 해부학

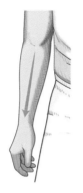 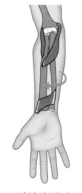 

자연스러운 위치
(Natural Position)

외회전 위치
(External Position)

내회전 위치
(Internal Position)

그림 214 팔뼈 움직임과 팔 자세

이러한 관계는 손을 움직이고 힘을 사용하는 효율에 영향을 미치기 때문에 어떤 자세를 취하는지에 따라 효과가 다르게 나타난다. 스윙에서 효과적으로 손을 사용한다는 것은 손과 팔에 근수축은 발생하지만, 전신의 연결 연쇄 작용을 해치지 않는 동작을 의미하여 이는 임팩트 정확성과 방향성에 도움이 된다. 자연스러운 손과 팔의 움직임을 이해하고 활용해야 에너지 전달에 효과적이고 부상을 예방할 수 있다.

스윙에서 팔 작용

부위	골프 스윙에서 기능
팔꿈치 (Elbow)	백스윙 과정에서 오른 팔꿈치 굽힘이 발생하며, 이는 시계 방향으로 손목이 회전되기 때문에 자동으로 발생 오른쪽 팔꿈치가 구부러져 있어 다운스윙 동안 손목이 일찍 풀리지 않음
팔 (Arm)	스윙 동안 양팔은 릴랙스 상태가 중요 스윙 동안 왼팔이 펴지는 것은 맞지만 과신전(Hyperextension) 상태를 주의해야 함 힌지(Hinge)와 리-힌지(Re-Hinge)는 클럽 헤드 스피드와 관계되며, 팔 움직임은 효과적인 스윙 아크와 관계됨 팔은 클럽 페이스가 스퀘어로 움직이는 데 관계하며, 임팩트 시 클럽의 로프트 각도와 관계됨 올바른 팔동작은 효율적인 스윙 모양을 갖게 하며, 스윙 동안 발생할 수 있는 신체 통증 예방에 도움이 됨

손목 (Wrist)	클럽으로 공을 칠 수 있게 함 올바른 왼손 그립은 백스윙에서 필요한 점진적 왼손목 힌지 작용 생성 백스윙에서 발생하는 오른 손목의 뒤로 젖힘은 임팩트 시점까지 유지됨
손과 손가락 (Hands & Fingers)	올바른 왼손 그립은 스윙에서 유동적인 동작에 핵심임 손목의 움직임은 스윙에서 큰 파워를 내는 중요한 요소로, 왼손의 다섯 번째, 네 번째 손가락은 손목의 접힘과 회전에 효과적임 왼손의 다섯 번째, 네 번째 손가락은 왼손목의 뒤침을 만들며, 스윙에서 손목이 풀리는 움직임 동안 손가락의 작용이 발생

1) 손목 작용

손목 움직임에는 방향이 있는데 손을 세로로 세운 상태에서 새끼손가락 방향인 아래로 내리기(Ulnar Deviation), 엄지 방향으로 세우기(Radial Deviation)가 있으며, 손바닥 방향으로 손목 굽힘 동작(Flexion), 손등 방향으로 뒤로 젖히는 동작(Extension)이 있다. 손등이 하늘을 보게 하는 엎침 동작(Pronation), 손바닥이 하늘을 보는 뒤침 동작(Supination)도 손 움직임 방향으로 정의된다.

손과 팔 움직임에는 중립 자세(Neutral Arm Position)를 기준으로 손바닥이 보이도록 바깥 방향으로 회전하는 외회전(External rotation)과 손등이 보이도록 회전되는 내회전(Internal rotation)으로 움직이며, 이 움직임은 손목 움직임과는 구분될 수 있다. 하지만 팔과 손목의 움직임은 매우 복합적이기 때문에 모든 구간을 통제할 수 없으며, 통제할 필요가 없어 구간별 중요한 손의 움직임을 이해하는 것이 중요하다. 스윙과 관련해 손과 팔의 자연스러운 움직임을 이해한다면 더욱 효율적인 동작을 수행할 수 있다.

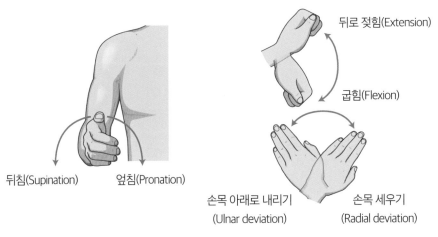

그림 215 손목 움직임 방향

스윙 구간별 손목 작용

스윙 구간	왼손목	오른손목
어드레스	약간의 엎침 자세와 손목 세우거나 내리지 않는 중립 자세를 취함	약간의 엎침 상태에서 뒤로 젖힘 자세를 취함
백스윙 (테이크어웨이)	어드레스 때의 왼손목 자세가 유지되면서 점진적 손목 세우기 자세 발생	점진적 뒤로 젖힘 자세 발생
백스윙	엎침 움직임과 점진적 손목 세우기 자세 발생	점진적 손목 세우기와 뒤로 젖힘 자세 발생
탑스윙	지면과 약 45°의 손목 세우기 자세 발생 이때 뒤로 젖힘 자세가 발생하지 않도록 주의	최대의 뒤로 젖힘 자세 발생 이때 엎침 자세가 발생하지 않도록 주의
다운스윙	손목의 회전 상태 유지	뒤로 젖힘 자세 점진적으로 풀림
임팩트	손목의 회전 상태가 풀리면서 약간의 손목 아래로 내리기 동작이 함께 발생하며, 약간의 왼손목 굽힘 자세 발생	손목의 중립 자세에서 약간의 뒤로 젖힘 자세가 유지됨 약간의 손목의 아래로 내리기 동작 발생
릴리즈-팔로스루	손목의 중립 자세가 발생했다가 약간의 뒤로 젖힘 자세 발생	약간의 굽힘 동작과 함께 손목 아래로 내리기 동작 발생

스윙 구간 왼팔과 왼손목 작용

스윙 구간	왼팔-팔꿈치	왼손목
백스윙 (테이크어웨이)	중립 자세를 유지하며, 왼팔 척골 방향 (Ulnar side)의 힘으로 동작이 시작됨	어드레스 때의 왼손목 자세가 유지되면서 점진적 손목 세우기 자세 발생
백스윙	점진적 왼팔 엎침 움직임 발생	엎침 움직임과 점진적 손목 세우기 자세 발생
탑스윙	팔의 엎침 회전 상태가 더 발생하지 않고 유지	지면과 약 45°의 손목 세우기 자세 발생 (이때 뒤로 젖힘 자세가 발생하지 않도록 주의)
다운스윙	엎침 회전이 유지된 상태로 움직임	손목의 회전 상태 유지
임팩트	손목의 풀림 동작과 함께 중립 자세로 움직임	손목의 회전 상태가 풀리면서 약간의 손목 아래로 내리기 동작이 함께 발생하며, 약간의 왼손목 굽힘 자세 발생
팔로스루	팔의 뒤침 회전 발생	손목의 중립 자세가 발생하며, 약간의 뒤로 젖힘 자세 발생

스윙 구간 오른팔과 오른손목 작용

스윙 구간	오른팔-팔꿈치	오른손목
백스윙 (테이크어웨이)	중립 자세를 유지하며 동작이 시작됨	스윙의 시작(테이크어웨이) 구간 이후 오른손목 뒤로 젖힘이 유지됨
백스윙	왼팔의 뒤침 동작과 오른손목 뒤로 젖힘으로 인해 자연스러운 오른팔 굽혀짐 발생	점진적 뒤로 젖힘 자세 발생
탑스윙	오른손목 움직임에 의한 오른팔 굽혀짐 발생 오른팔 뒤침 또는 엎침 회전이 발생되지 않도록 주의	최대의 뒤로 젖힘 자세 발생 이때 엎침 자세가 발생하지 않도록 주의
다운스윙	오른팔 뒤침 또는 엎침 회전이 발생하지 않음 손목이 풀리면서 오른팔 굽힘도 점진적으로 펴짐 (강한 대흉근을 가질수록 오른팔의 효과는 증가됨)	뒤로 젖힘 자세가 임팩트에 가까워질수록 풀려감
임팩트	점진적으로 펴지며 늘어나는 움직임 발생	손목은 완전히 풀리지 않고, 뒤로 젖힘 자세 유지 약간의 손목의 아래로 내리기 동작 발생
팔로스루	엎침 회전하며 최대로 펴지며 늘어나는 동작 작용 근수축 형태가 아니며, 이러한 작용이 클럽 스피드 가속도에 도움을 줌	약간의 굽힘 동작과 함께 손목의 아래로 내리기 동작 발생

2) 손 근육

손은 손바닥 방향과 손등 방향으로 나뉘어 구분된다. 손바닥 근육은 주먹을 쥐고, 물건을 움켜쥐는 동작이 가능하며 손등 근육은 손을 펼치는 움직임이 가능하다.

골프 스윙에서 손은 클럽을 잡고 스윙을 하기에 움켜쥐는 작용이 중요하다. 손바닥 근육에서는 엄지 아래에 무지대립근(Opponens Pollicis)과 단무지외전근(Abductor Pollicis Brevis), 단무지굴근(Flexor Pollicis Brevis) 근육이 가장 크고, 강하며 이 부분을 이용해 그립을 잡게 된다.

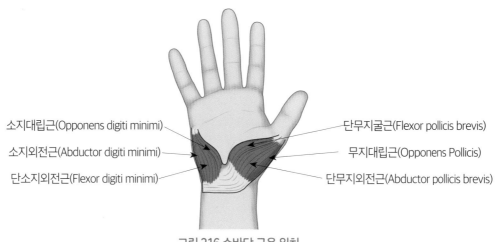

그림 216 손바닥 근육 위치

소지대립근(Opponens digiti minimi)
소지외전근(Abductor digiti minimi)
단소지외전근(Flexor digiti minimi)

단무지굴근(Flexor pollicis brevis)
무지대립근(Opponens Pollicis)
단무지외전근(Abductor pollicis brevis)

또한 함께 작용하는 근육은 소지대립근(Opponens digiti minimi), 소지외전근(Abductor digiti minimi), 단소지외전근(Flexor digiti minimi)이 있다. 이 부분의 힘이 함께 작용해야 효과적으로 움켜쥐는 힘을 사용할 수 있다. 그립을 잡을 때 가장 많이 언급되는 손가락은 왼손 세 손가락(중지, 약지, 소지)의 사용과 힘의 작용이다. 왼손은 왼팔의 척골(Ulnar) 방향의 근육이 작용해야 왼손 세 손가락 위주로 그립을 잡을 수 있고, 왼손 무지대립근과 단무지굴근까지 작용해야 다른 힘으로 그립을 잡는 문제를 예방할 수 있다. 또한 오른손 그립도 무지대립근과 단무지굴근이 작용해야 견고한 그립을 잡을 수 있다. 손가락 힘은 손바닥과 관계되며 팔까지 연결 연쇄 작용하기 때문에 손과 팔의 작용을 이해해 그립을 잡는다면 매우 일관된 그립을 잡을 수 있다.

※ 손의 힘 제어의 의미

골프 스윙에 손의 힘(악력) 조절은 자주 언급된다. 하지만 손의 힘은 손가락 자체의 힘만이 아닌 팔 근육에서 대흉근까지의 힘과 관계된다. 손을 자유롭게 움직이거나 힘의 강약 조절은 손, 손목, 팔의 협응으로 가능하다. 따라서 악력은 손은 물론 팔 근육까지 함께 연결된다는 것을 의미하기 때문에 스윙 동안 손의 힘을 뺀다는 것은 팔뚝의 힘도 제어해야 한다는 뜻이다. 팔뚝의 힘을 조절하기 위해서는 적정 수준의 악력이 반드시 필요하다. 남자 프로의 평균 악력은 약 400Nm, 여자 프로의 평균 악력은 약 300Nm로 나타났으며, 악력이 우수하다는 것은 다른 신체 부위의 근력도 강하다는 것을 의미한다.

스윙에서 팔과 손의 의식적 작용 구간

골프 스윙에서 그립 잡는 방법은 매우 다양하다. 스윙 중 손의 악력이나 팔 회전에 대한 논란도 끊이지 않는다. 앞서 살펴본 손의 작용을 골프 스윙에 대입해 팔과 손이 의식적으로 작용해야 하는 구간에 대해 살펴보고자 한다.

손동작에서 가장 핵심은 스윙 동안의 몸의 회전력을 방해하지 않는 것이다.

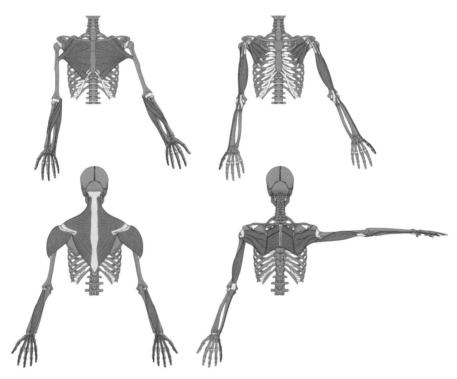

그림 217 팔과 손의 연결 연쇄 작용

팔과 손은 몸통의 근육까지 연결되어 작용한다. 따라서 어떻게 팔과 손의 힘을 사용하는지에 맞춰 연결 작용하는 근육 부위도 다르다.

척골(Ulnar side) 방향, 요골(Radial side) 방향, 상완골 쪽 근육(이두근, 삼두근), 승모근, 능형근까지 연쇄 작용하며, 이는 대흉근, 복근까지 연결된다. 단순히 그립을 잡거나 팔의 움직임 모양을 따라하기보다 팔의 움직임이 몸통 근육까지 어떤 영향을 미치고 연결되는지 전체적으로 이해하는 것이 스윙에 도움이 된다.

1) 어드레스에서 왼손, 오른손 작용

여러 연구에서 밝혀진 것처럼 어드레스에서 왼 손목 움직임은 약간의 엎침(Pronation) 방향으로 회전된 상태이다. 그리고 손 뒤로 젖힘 동작(Extension)의 상태라 할 수 있다. 오른 손목 또한 동일한 동작이 발생한다. 이러한 작용은 견고하게 그립을 잡을 수 있도록 손바닥의 큰 근육의 사용을 돕는다. 손목굴곡근(Flexor Carpi Ulnaris)이 적절하게 작용해야 손과 팔의 회전을 제어할 수 있다. 쉽게 설명하면 왼손 세 손가락 사용에 도움이 되며 불필요한 엄지와 검지의 작용을 제어한다. 엄지와 검지 방향의 손목신전근(Extensor Carpi Ulnaris) 작용은 손목의 회전이 자유로울 수 있도록 돕는다. 골프 스윙에서 손목의 의식적 회전이나 쓰임은 코어의 작용을 방해할 수 있어 지양하는 것이 이롭다.

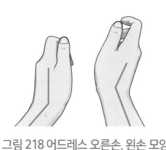

그림 218 어드레스 오른손, 왼손 모양

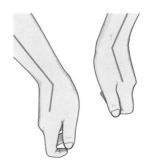

그림 219 어드레스 시 손의 작용 방향

2) 백스윙 시작에서 왼손 작용

스윙의 시작에서 왼팔의 작용은 중요하다. 왼손의 척골(Ulnar side) 방향의 작용은 편안한 움직임은 아니지만, 스윙을 이롭게 하여 의식적인 작용이 필요하다. 왼손의 엄지 아래쪽 손바닥 두툼한 부위와 새끼손가락(소지) 아래쪽 손바닥 두툼한 부위의 힘을 사용한다. 이는 백스윙이 시작될 때 효율적인 신체 연결 연쇄 작용을 일으켜 적절한 그립의 악력과 회전, 굽힘을 발생시킨다. 대부분 왼손 세 손가락 위주의 그립이 설명되지만 손과 팔에서 소지, 약지, 중지로 강한 힘을 주기는 쉽지 않다. 세 손가락 위주로 잡는다는 표현이 일반적으로 쓰이지만 적절한 힘이 작용하기 위해서는 엄지 아래쪽 손바닥과 소지 쪽 아래의 손바닥 힘을 활용해 힘의 압점을 만드는 것이 가장 적절하다.

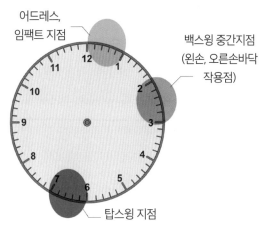

그림 220 탑스윙에서 오른손 작용　　　　그림 221 손의 의식적 작용 시점

3) 미드백스윙에서 오른손 작용

테이크어웨이 동작까지는 특별한 손목과 손의 작용 없이 몸통의 회전력에 의해 스윙이 진행되지만 미드백스윙 이후부터는 오른손목의 힘을 최소화하여 뒤로 젖힘(Extension) 동작이 발생한다.

4) 탑스윙에서 오른손 작용

탑스윙에서 손동작이 설명될 때 왼 손목의 움직임을 주로 다루지만 에너지 효율과 관련되는 것은 오른손 동작이다. 오른팔과 손목의 각도는 팔과 몸통, 하체 움직임의 연쇄적인 작용을 이끌기 때문이다. 탑스윙 구간의 오른손 동작은 뒤로 젖힘 동작(Extension)이 발생하며, 이러한 동작은 팔에서 가장 강한 근육인 손목 신전근들을 작용시킨다. 또한 다운스윙에서 적절한 오른팔 굽힘 동작이 발생해야 하는데 이때의 오른팔 근육은 강한 수축 상태가 아니다. 따라서 끌어 내리는 동작이 아님을 이해해야 한다.

5) 다운스윙과 릴리즈까지의 손목 풀림 작용

다운스윙에서 손목 풀림 현상은 임팩트 정확성이나 파워를 떨어트리는 요인으로 지목되어 발생하면 안 되는 동작으로 언급되었다. 하지만 손목 풀림 현상은 다운스윙에서 당연히 발생해야 하는 움직임이다. 만약 손목 풀림 현상이 발생하지 않는다면 관성력 작용과 헤드 닫힘 작용을 방해해 스윙의 효율을 떨어트리고 불필요한 왼팔 힘을 작용하게 한다.

다만, 손목 풀림 현상은 시점이 중요하다. 탑스윙에서 다운스윙으로 전환점을 맞이한 후 몸통 회전이 최대로 빨라지는 미드다운스윙 구간에서부터 시작된다. 만약 의식해서 손의 힘으로 손목 풀림을 수행하려 한다면 캐스팅, 스쿠핑 현상이 나타나기 때문에 손목 풀림 작용은 몸통의 회전력이 최대일 때 손의 힘이 최소화되면서 자연스럽게 작용하는 것이다.

그림 222 손목 풀림 작용 시작 구간

리듬과 템포

리듬(Rhythm), 템포(Tempo), 타이밍(Timing)

골프 스윙에서 리듬, 템포, 타이밍은 매우 중요하다. 일관되고 반복적인 동작을 가능하게 하며 최대의 에너지를 발현하는 데 효과적이다. 간혹 리듬과 템포를 유사하거나 동일한 단어로 해석해 혼동할 때가 많다. 골프에서 템포는 속도(Pace)로 정의된다. 음악에서 템포를 곡의 빠르기(속도)로 표현하듯 골프에서는 백스윙과 다운스윙 속도의 비율로 표현된다. 예를 들어 프로 골퍼의 드라이버 스윙 총 소요 시간은 약 1.5초 이내다. 반면, 초급자 골퍼의 스윙 속도는 약 2초 전후가 된다. 그렇다면 프로 골퍼의 스윙 템포는 빠르고 초급자 골퍼는 느린 것인가? 프로 골퍼의 백스윙 소요 시간은 약 0.8~0.9초 이고, 다운스윙 소요 시간은 약 0.3초 정도이다. 초급자 골퍼일수록 백스윙 소요 시간은 약 0.6~0.8초 전후, 다운스윙은 약 0.4~0.6초 전후이다. 소요 시간을 백스윙과 다운스윙 비율로 환산한다면, 프로 골퍼와 상급자 골퍼의 템포는 3:1 정도이며, 초급자 골퍼는 약 2:1 또는 1.8:1과 같은 비율을 보인다. 이에 프로 골퍼보다 초급자 골퍼의 템포가 훨씬 빠르다고 할 수 있다. 템포는 타이밍과 리듬에 영향을 미치며 이는 임팩트 정확성과 거리에 영향을 미친다. 그래서 초급자 골퍼는 스윙의 효율을 높이기 위해 스윙 템포 비율을 맞춰가는 기술을 익히고 반복 훈련해야 한다. 만약 템포를 잘못 해석한다면, 프로의 템포는 빠르고 초급자 골퍼의 템포는 느리다고 단순 해석할 수 있으며, 이에 잘못된 리듬을 익히는 계기가 될 수 있다. 템포는 백스윙과 다운스윙 속도의 비율이라고 이해하는 것이 올바르다.

구분	백스윙 소요 시간(초)	다운스윙 소요 시간(초)	스윙 템포
프로 골퍼	0.8~0.9	0.3	3:1
상급자 골퍼	1~1.1	0.3~0.4	3:1
초급자 골퍼	0.6~0.8	0.4~0.6	2:1, 1.8:1

리듬은 템포를 채우는 내용이다. 앞서 시공간적 신체 협응은 리듬과 관계될 수 있다고 언급했듯

이 신체 협응 방법에는 개인차가 존재한다. 신체적 구조나 근육 상태 등의 작용이 리듬을 만든다. 골프 스윙으로 설명하면, 테이크어웨이나 탑스윙 등에서 손이나 팔(상체) 또는 다리(하체)가 특정 동작을 수행하는데, 신체 분절들이 굽혀지고 펴지는 신체와 신체 간의 협응에는 고유 속도와 리듬 및 타이밍이 존재한다. 결국 리듬은 초급과 상급 등의 실력 차이가 아닌 개인차가 존재해 자신만의 리듬을 갖는 과정이 중요하다. 여러 명의 프로 골퍼 스윙을 보면 각기 다른 스윙 모습을 보인다. 백 스윙이 높은 골퍼, 낮은 골퍼, 손목이 굽혀지는 골퍼, 안 굽혀지는 골퍼, 무릎이 펴지는 골퍼, 안 펴지는 골퍼 등 스윙 모양은 제각각이다. 하지만 우수 프로선수들을 보면 유사한 움직임 순서(운동역학적 흐름)와 타이밍이 존재한다는 것을 알 수 있다. 타이밍은 특정 시점에 발생하는 신체 움직임으로 부드러운 리듬은 좋은 타이밍을 갖게 해 주고, 좋은 템포는 부드러운 리듬을 만들어 준다.

좋은 리듬을 갖추게 하는 필수요인은 다음과 같다.

1. 스윙 시 신체의 균형(Balance)이 좋아야(잘 유지되어야) 한다.
2. 어깨와 팔이 릴렉스(Relax)가 되어 있어야 한다.
3. 공을 칠 때 심상(Visualization)이 잘될수록 좋은 템포와 리듬을 가질 수 있다.

프로 골퍼나 상급 골퍼의 경우 템포나 리듬, 타이밍이 경기에 영향을 미칠 때 신체 균형이나 상체의 릴렉스 상태를 확인해 볼 필요가 있으며, 아마추어 골퍼의 경우 템포, 리듬, 타이밍을 발달시키는 스윙 기술의 반복 훈련이 필요하다.

시대 흐름별 스윙 방법 및
표현법 정리

테이크어웨이 자세에 대해 시대 흐름별 설명

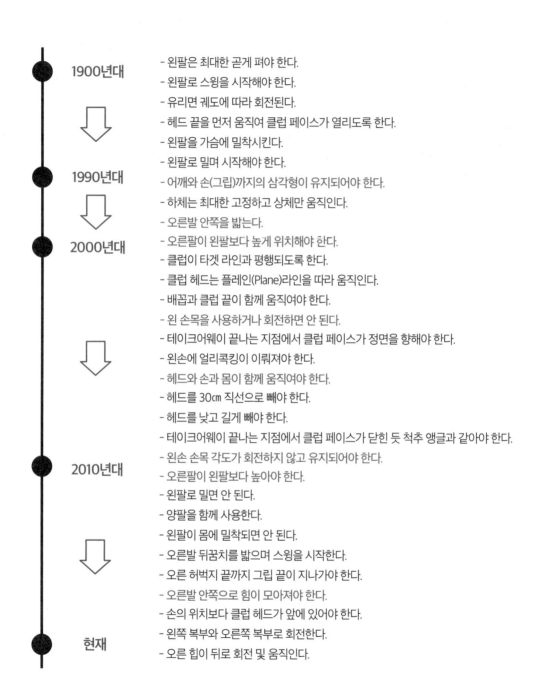

1900년대

- 왼팔은 최대한 곧게 펴야 한다.
- 왼팔로 스윙을 시작해야 한다.
- 유리면 궤도에 따라 회전된다.
- 헤드 끝을 먼저 움직여 클럽 페이스가 열리도록 한다.
- 왼팔을 가슴에 밀착시킨다.
- 왼팔로 밀며 시작해야 한다.

1990년대

- 어깨와 손(그립)까지의 삼각형이 유지되어야 한다.
- 하체는 최대한 고정하고 상체만 움직인다.
- 오른발 안쪽을 밟는다.

2000년대

- 오른팔이 왼팔보다 높게 위치해야 한다.
- 클럽이 타겟 라인과 평행되도록 한다.
- 클럽 헤드는 플레인(Plane)라인을 따라 움직인다.
- 배꼽과 클럽 끝이 함께 움직여야 한다.
- 왼 손목을 사용하거나 회전하면 안 된다.
- 테이크어웨이 끝나는 지점에서 클럽 페이스가 정면을 향해야 한다.
- 왼손에 얼리콕킹이 이뤄져야 한다.
- 헤드와 손과 몸이 함께 움직여야 한다.
- 헤드를 30㎝ 직선으로 빼야 한다.
- 헤드를 낮고 길게 빼야 한다.
- 테이크어웨이 끝나는 지점에서 클럽 페이스가 닫힌 듯 척추 앵글과 같아야 한다.

2010년대

- 왼손 손목 각도가 회전하지 않고 유지되어야 한다.
- 오른팔이 왼팔보다 높아야 한다.
- 왼팔로 밀면 안 된다.
- 양팔을 함께 사용한다.
- 왼팔이 몸에 밀착되면 안 된다.
- 오른발 뒤꿈치를 밟으며 스윙을 시작한다.
- 오른 허벅지 끝까지 그립 끝이 지나가야 한다.
- 오른발 안쪽으로 힘이 모아져야 한다.
- 손의 위치보다 클럽 헤드가 앞에 있어야 한다.
- 왼쪽 복부와 오른쪽 복부로 회전한다.

현재

- 오른 힙이 뒤로 회전 및 움직인다.

※ 빨간색 표시: 시대 흐름에도 반복적으로 언급된 표현

테이크어웨이 설명 중 신체의 연결 연쇄 작용(Chain Reaction)을 방해하는 움직임과 표현

1) 왼팔을 최대한 펴고 왼팔 위주로 테이크어웨이를 시작하거나 왼팔로 미는 움직임은 몸통 작용과 몸통 회전을 방해하는 원인이 됨.

2) 콕킹 동작을 시행하기 위해 손을 돌리거나 꺾는 동작은 몸통 회전을 방해하고 손목 사용을 높이는 원인이 됨.

3) 하체를 고정하고 상체만 회전시킨다는 것은 몸통 회전을 제한하고, 요추 부상을 유발하며, 실질적인 신체 움직임에 부합되지 않는 표현임.

4) 클럽 페이스가 닫히거나 열린다는 표현보다 손의 움직임과 작용에 대한 이해가 더욱 중요함.

5) 헤드를 낮고 길게 빼는 것은 백스윙에서 스웨이 현상을 일으키는 원인이 될 수 있으며, 백스윙 몸통 회전에 부정적 영향을 미침.

미드백스윙 자세에 대해 시대 흐름별 설명

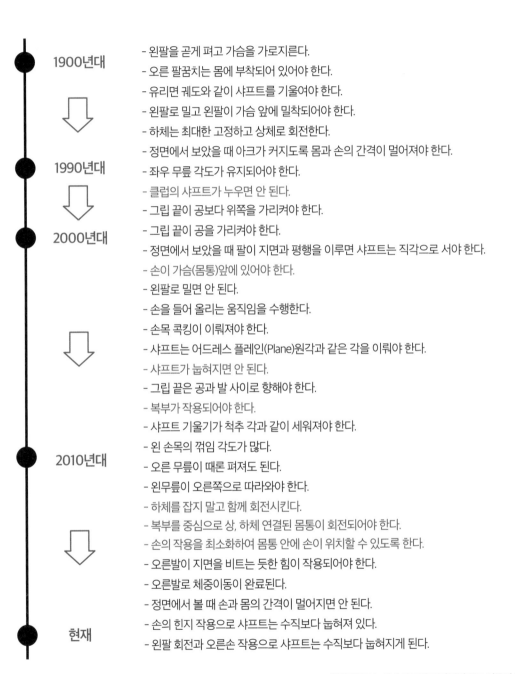

1900년대

- 왼팔을 곧게 펴고 가슴을 가로지른다.
- 오른 팔꿈치는 몸에 부착되어 있어야 한다.
- 유리면 궤도와 같이 샤프트를 기울여야 한다.
- 왼팔로 밀고 왼팔이 가슴 앞에 밀착되어야 한다.
- 하체는 최대한 고정하고 상체로 회전한다.
- 정면에서 보았을 때 아크가 커지도록 몸과 손의 간격이 멀어져야 한다.

1990년대

- 좌우 무릎 각도가 유지되어야 한다.
- 클럽의 샤프트가 누우면 안 된다.
- 그립 끝이 공보다 위쪽을 가리켜야 한다.

2000년대

- 그립 끝이 공을 가리켜야 한다.
- 정면에서 보았을 때 팔이 지면과 평행을 이루면 샤프트는 직각으로 서야 한다.
- 손이 가슴(몸통)앞에 있어야 한다.
- 왼팔로 밀면 안 된다.
- 손을 들어 올리는 움직임을 수행한다.
- 손목 콕킹이 이뤄져야 한다.
- 샤프트는 어드레스 플레인(Plane)원각과 같은 각을 이뤄야 한다.
- 샤프트가 눕혀지면 안 된다.
- 그립 끝은 공과 발 사이로 향해야 한다.
- 복부가 작용되어야 한다.
- 샤프트 기울기가 척추 각과 같이 세워져야 한다.

2010년대

- 왼 손목의 꺾임 각도가 많다.
- 오른 무릎이 때론 펴져도 된다.
- 왼무릎이 오른쪽으로 따라와야 한다.
- 하체를 잡지 말고 함께 회전시킨다.
- 복부를 중심으로 상, 하체 연결된 몸통이 회전되어야 한다.
- 손의 작용을 최소화하여 몸통 안에 손이 위치할 수 있도록 한다.
- 오른발이 지면을 비트는 듯한 힘이 작용되어야 한다.
- 오른발로 체중이동이 완료된다.
- 정면에서 볼 때 손과 몸의 간격이 멀어지면 안 된다.
- 손의 힌지 작용으로 샤프트는 수직보다 눕혀져 있다.

현재

- 왼팔 회전과 오른손 작용으로 샤프트는 수직보다 눕혀지게 된다.

※ 빨간색 표시: 시대 흐름에도 반복적으로 언급된 표현

미드백스윙 설명 중 신체의 연결 연쇄 작용(Chain Reaction)을 방해하는 움직임과 표현

1) 왼팔을 펴고 왼팔 위주로 백스윙을 하거나 왼팔을 미는 동작은 몸통의 회전을 방해하는 원인이 됨.

2) 왼팔을 곧게 편 상태로 가슴을 가로지르는 동작은 복부 작용에 의한 몸통 회전을 방해하고 왼팔의 힘이 과하게 작용함.

3) 샤프트를 눕히는 작용을 제대로 이해하지 못하면 과한 손목 작용이 발생하고 몸통 회전을 제한하는 원인이 됨.

4) 그립 끝이 공보다 위(앞)쪽을 가리키게 되면, 몸통의 회전보다 팔을 들어올리는 동작이 발생하여 스윙 궤도를 벗어나는 원인이 됨.

5) 아크를 크게 하기 위해 왼팔을 쭉 뻗는 동작은 전신 균형을 방해하고, 회전을 제한시킴.

탑스윙 자세에 대해 시대 흐름별 설명

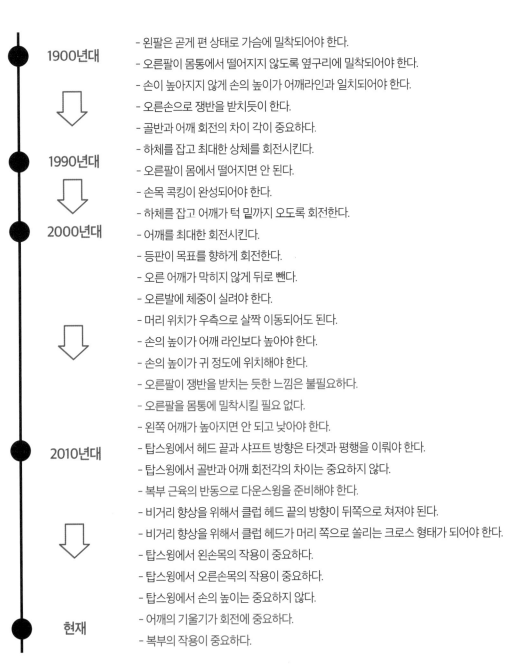

1900년대

- 왼팔은 곧게 편 상태로 가슴에 밀착되어야 한다.
- 오른팔이 몸통에서 떨어지지 않도록 옆구리에 밀착되어야 한다.
- 손이 높아지지 않게 손의 높이가 어깨라인과 일치되어야 한다.
- 오른손으로 쟁반을 받치듯이 한다.
- 골반과 어깨 회전의 차이 각이 중요하다.

1990년대

- 하체를 잡고 최대한 상체를 회전시킨다.
- 오른팔이 몸에서 떨어지면 안 된다.
- 손목 콕킹이 완성되어야 한다.

2000년대

- 하체를 잡고 어깨가 턱 밑까지 오도록 회전한다.
- 어깨를 최대한 회전시킨다.
- 등판이 목표를 향하게 회전한다.
- 오른 어깨가 막히지 않게 뒤로 뺀다.
- 오른발에 체중이 실려야 한다.
- 머리 위치가 우측으로 살짝 이동되어도 된다.
- 손의 높이가 어깨 라인보다 높아야 한다.
- 손의 높이가 귀 정도에 위치해야 한다.
- 오른팔이 쟁반을 받치는 듯한 느낌은 불필요하다.
- 오른팔을 몸통에 밀착시킬 필요 없다.
- 왼쪽 어깨가 높아지면 안 되고 낮아야 한다.

2010년대

- 탑스윙에서 헤드 끝과 샤프트 방향은 타겟과 평행을 이뤄야 한다.
- 탑스윙에서 골반과 어깨 회전각의 차이는 중요하지 않다.
- 복부 근육의 반동으로 다운스윙을 준비해야 한다.
- 비거리 향상을 위해서 클럽 헤드 끝의 방향이 뒤쪽으로 쳐져야 된다.
- 비거리 향상을 위해서 클럽 헤드가 머리 쪽으로 쏠리는 크로스 형태가 되어야 한다.
- 탑스윙에서 왼손목의 작용이 중요하다.
- 탑스윙에서 오른손목의 작용이 중요하다.
- 탑스윙에서 손의 높이는 중요하지 않다.
- 어깨의 기울기가 회전에 중요하다.

현재

- 복부의 작용이 중요하다.

※ 빨간색 표시: 시대 흐름에도 반복적으로 언급된 표현

탑백스윙 설명 중 신체의 연결 연쇄 작용(Chain Reaction)을 방해하는 움직임과 표현

1) 오른손에 든 쟁반을 받쳐야 한다는 동작은 왼쪽 어깨를 들리게 하는 요인이 될 수 있으며, 몸통 회전을 방해하는 요인으로 해석됨.

2) 오른팔이 몸통에 밀착된 동작은 오히려 몸통의 회전을 방해하고 불필요한 상체 힘을 발생시키는 요인으로 해석됨.

3) 단순 골반과 어깨의 차이 각은 헤드 스피드와 거리에 영향을 미치지 않는 것으로 검증됨.

4) 어깨가 턱 밑에 오도록 최대한 회전하려는 시도는 오히려 상체 힘을 발생시키며 스웨이 동작의 원인으로 해석됨.

5) 오른 어깨가 막히지 않도록 뒤로 빼는 동작은 몸통 회전에 도움이 되지 않으며 불필요한 상체 힘을 발생시킬 수 있는 요인으로 해석됨. 테이크어웨이 동작과 미드백스윙에서 수행되어야 하는 동작으로 해석됨.

6) 탑스윙에서 손이나 팔에 대한 집중은 오히려 리듬과 타이밍에 부정적 영향을 미친다고 해석됨.

얼리다운스윙, 미드다운스윙 자세에 대해 시대 흐름별 설명

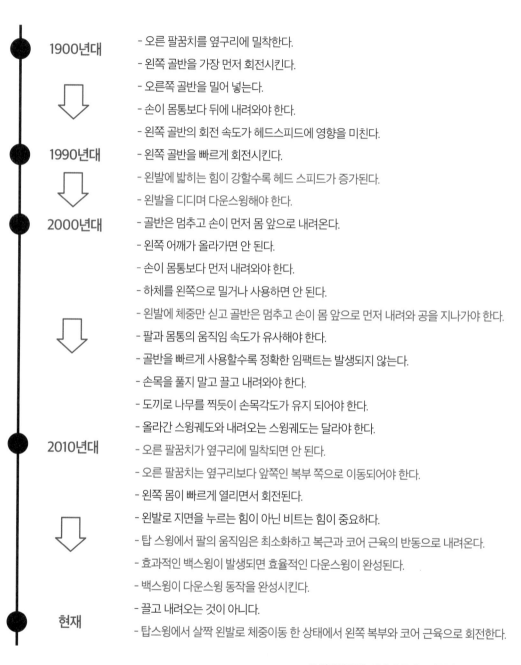

1900년대
- 오른 팔꿈치를 옆구리에 밀착한다.
- 왼쪽 골반을 가장 먼저 회전시킨다.
- 오른쪽 골반을 밀어 넣는다.
- 손이 몸통보다 뒤에 내려와야 한다.
- 왼쪽 골반의 회전 속도가 헤드스피드에 영향을 미친다.

1990년대
- 왼쪽 골반을 빠르게 회전시킨다.
- 왼발에 밟히는 힘이 강할수록 헤드 스피드가 증가된다.
- 왼발을 디디며 다운스윙해야 한다.

2000년대
- 골반은 멈추고 손이 먼저 몸 앞으로 내려온다.
- 왼쪽 어깨가 올라가면 안 된다.
- 손이 몸통보다 먼저 내려와야 한다.
- 하체를 왼쪽으로 밀거나 사용하면 안 된다.
- 왼발에 체중만 싣고 골반은 멈추고 손이 몸 앞으로 먼저 내려와 공을 지나가야 한다.
- 팔과 몸통의 움직임 속도가 유사해야 한다.
- 골반을 빠르게 사용할수록 정확한 임팩트는 발생되지 않는다.
- 손목을 풀지 말고 끌고 내려와야 한다.
- 도끼로 나무를 찍듯이 손목각도가 유지 되어야 한다.
- 올라간 스윙궤도와 내려오는 스윙궤도는 달라야 한다.

2010년대
- 오른 팔꿈치가 옆구리에 밀착되면 안 된다.
- 오른 팔꿈치는 옆구리보다 앞쪽인 복부 쪽으로 이동되어야 한다.
- 왼쪽 몸이 빠르게 열리면서 회전된다.
- 왼발로 지면을 누르는 힘이 아닌 비트는 힘이 중요하다.
- 탑 스윙에서 팔의 움직임은 최소화하고 복근과 코어 근육의 반동으로 내려온다.
- 효과적인 백스윙이 발생되면 효율적인 다운스윙이 완성된다.
- 백스윙이 다운스윙 동작을 완성시킨다.
- 끌고 내려오는 것이 아니다.

현재
- 탑스윙에서 살짝 왼발로 체중이동 한 상태에서 왼쪽 복부와 코어 근육으로 회전한다.

※ 빨간색 표시: 시대 흐름에도 반복적으로 언급된 표현

다운스윙 설명 중 신체의 연결 연쇄 작용(Chain Reaction)을 방해하는 움직임과 표현

1) 오른 팔꿈치를 옆구리에 밀착시키려는 의도는 몸통의 회전을 제한시키고, 임팩트 정확성에 부정적인 영향을 미침.

2) 다운스윙 시작에서 왼쪽 골반을 빠르게 회전시키는 것은 무게중심 이동 방해와 임팩트 정확성 및 다운스윙 패스에 부정적인 영향을 미침.

3) 손을 끌고 내려오려는 동작은 오히려 상체 힘을 유발하고 무게중심 이동 방해로 에너지 효율성을 떨어트림.

4) 단순히 왼발을 밟으려고 골반을 옆으로 미는 동작으로 수행하게 되면 오히려 무게중심 이동을 방해하고 임팩트 정확성 및 다운스윙 패스에 부정적 영향을 미침. 부적합한 타이밍으로 인해 다운스윙의 효율성을 떨어트림.

책을 집필하기로 하고 글의 방향과 세부 내용을 구성하기 위해 하루, 하루 고군분투하던 어느 날. 손수 한 글자 한 글자 꾹꾹 눌러쓴 글들 사이로 깔끔하게 오려 붙인 그림과 사진으로 채워진 몇 장의 원고를 무심히 제 앞에 툭 던지며 유유히 사라지시던 설준희 교수님. 그 원고를 하염없이 읽고, 바라보며 교수님의 열정과 진심에 부끄러웠던 날이 기억이 납니다.

2018년 어느 하루, 정리해 보라고 주신 약 2,000장이 넘는 PPT 파일이 시작이었던 것 같습니다. 그리고 5년 동안 원고를 집필하며 아… 완성은 쉽지 않겠구나 싶은 날이 한두 번이 아니었습니다. 고심하며 쓴 원고는 한순간 별 볼 일 없는 종이 쪼가리가 되기도 하고, 몇 년 전 이미 썼는데 그때는 별 볼 일 없이 여겼던 주제를 도돌이표처럼 다시 찾아야 하는 순간도 있었습니다. 그때마다 이게 맞는 것인가? 지금 내가 뭘 하는 거지? 다 내려놓고 싶었던 날들이 수없이 있었습니다. 그러던 어느 날 무엇으로 움직이지? 왜? 어떻게? 근거는? 처치 방법은? 의사답게 물으셨던 교수님의 질문에 오기로라도 답을 해야겠다 싶었습니다. 더 많은 연구 자료를 보고 시행해 보며 객관적인 답을 찾기 시작했고, 그렇게 시간이 흐르고 정리된 원고를 바라보며 깨닫게 되었습니다. 나의 목표와 꿈에 한 걸음 더 다가가게 해주신 거구나. 내가 버텨 낸 것이 아닌 교수님이 나를 기다려주신 거구나.

나아갈 길은 멀지만, 깊고 넓은 가르침을 늘 마음에 새기며 한 걸음 한 걸음 계속 나아가겠습니다. 이 책의 핵심이자, 지원자, 파트너였던 설준희 교수님. 원고가 마무리되는 순간까지 함께해 주셔서 감사합니다. 평생에 부끄럽지 않은 제자가 되겠습니다.

어려웠지만, 한 단락의 마무리와 다음 단락의 시작을 알리는 의미에서 출판의 기쁨을 교수님과 나누고 싶습니다.

최 송이 올림